*Ferdinand Hueppe*

# Die Cholera-Epidemie in Hamburg 1892

Verlag
der
Wissenschaften

*Ferdinand Hueppe*

**Die Cholera-Epidemie in Hamburg 1892**

*ISBN/EAN: 9783957005014*

*Auflage: 1*

*Erscheinungsjahr: 2015*

*Erscheinungsort: Norderstedt, Deutschland*

Hergestellt in Europa, USA, Kanada, Australien, Japan
Verlag der Wissenschaften in Hansebooks GmbH, Norderstedt

# Die Cholera-Epidemie

## in Hamburg 1892.

**Beobachtungen und Versuche über Ursachen, Bekämpfung und Behandlung der asiatischen Cholera**

**Dr. Ferdinand Hueppe,**
Professor der Hygiene an der deutschen Universität in Prag,

und

**Else Hueppe.**

Berlin 1893.
Verlag von August Hirschwald.
NW. Unter den Linden 68.

# Vorwort.

Die vorliegenden Untersuchungen über die Choleraepidemie in Hamburg sind schon theilweise in der Berliner klinischen Wochenschrift erschienen. Mehrfach geäusserten Wünschen entsprechend lasse ich dieselben hiermit in erweiterter Form erscheinen.

Bei der Eigenartigkeit dieser Epidemie traten die alten Gegensätze in Bezug auf die wissenschaftliche und organisatorische Seite wieder einmal schroff hervor. Es musste diesmal auch weiteren Kreisen zum Bewusstsein kommen, dass die öffentliche Gesundheitslehre nicht nur die wichtigsten socialen Aufgaben enthält, sondern dass sie diese Probleme auch nach der organisatorischen Seite oft in unerwarteter Weise beleuchtet. In dem harten Kampfe, der nach dieser Hinsicht zwischen der von Hamburg vertretenen Autonomie und der von Berlin aus gegen Hamburg geltend gemachten Bureaukratie entbrannte, wurden zunächst die Mängel der Autonomie in schroffster Weise bloss gestellt, während die andere Richtung vielfach gar zu sehr im Gewande diplomatischer oder politischer Hygiene auftrat. Ich habe versucht, die zu Tage getretenen Schwächen objectiv zu ermitteln und darzustellen, in der Hoffnung, dass diesmal diese groben Winke der „Polizei der Natur“ nicht so schnell wie sonst vergessen werden.

Deutlicher als früher trat diesmal hervor, dass das Wasser bei der Verbreitung der Cholera betheiligt ist. Ob man sich aber deshalb zu der längst spruchreifen und längst von mir begründeten und geforderten gesetzlichen Regelung der Wasserfrage aufraffen wird? — Die Lehren der Cholera wurden bis jetzt leider stets schnell vergessen!

Noch deutlicher war es, dass die Cholera entschieden keine ansteckende Krankheit ist. In dieser Hinsicht konnte ich zu dem bisherigen Beweismaterial neue Thatsachen epidemiologischer und experimenteller Art hinzufügen. Aus diesem Grunde wird die neuerdings beliebte, bakteriologisch zugestutzte Erziehung zur Cholerafurcht zu einer gefährlichen Maassnahme. Die tiefen Schädigungen von Handel und Gewerbe müssen endlich aufhören, nachdem sich auch das bakteriologische Deckmäntelchen für diese Maassregelungen ganz defect gezeigt hat.

Auch die Desinfection ist noch fast überall über das Ziel hinausgeschossen und hat zu einer oft sinn- und nutzlosen Material- und Geldverschwendung geführt. Die Reinlichkeit gewinnt mehr und mehr ihre frühere, der Desinfection übergeordnete Bedeutung zurück uud bei der Bekämpfung des Schmutzes konnte meine Frau auf eine bis jetzt wenig beachtete Seite dieser Gefahr hinweisen, durch welche die fast verloren gegangenen Beziehungen zu den socialen Aufgaben wieder hergestellt erscheinen.

Nachdem es mir auf Grund meiner experimentellen Vorstudien endlich in Hamburg gelungen ist, das bis dahin stets vergebens gesuchte Choleragift bei an Cholera leidenden Menschen darzustellen, haben die den Arzt specieller interessirenden Seiten der Cholerafrage eine viel sicherere Grundlage bekommen, auf der sich auch die Bestrebungen zum Behandeln und Heilen mit grösserer Zuversicht aufbauen.

---

# Inhalts-Verzeichniss.

# I. Epidemiologie.

### Von **Ferdinand Hueppe.**

Bei den Cholerapandemien, die Deutschland bedroht haben, ist es schon einige Male vorgekommen, dass einzelne Orte fern den Landesgrenzen und Choleraherden ergriffen wurden, ohne dass Deutschland im übrigen eine Neigung zur Entwicklung von Cholera zeigte. So wurde 1865 Altenburg von Odessa aus inficirt; doch kam es nur zu einer unbedeutenden Epidemie im Pleissethal in Altenburg und Werdau. In der Nähe des bevölkerten Mainz und bei ganz unbehindertem Verkehr mit demselben hatten 1886 die Dörfer Finthen und Gonsenheim eine Epidemie, deren Einschleppung nicht sicher ermittelt werden konnte, während die nächsten Choleraherde in Ungarn und Italien waren. Trotz vollständig freien Verkehrs erfolgte keine Ausbreitung der Seuche und Niemand wird den damals viel zu spät getroffenen und höchst unvollkommenen Desinfections- und Sperrmaassregeln irgend welchen Werth für die Localisation der Seuche beimessen können.

Im August 1892 hatte Hamburg das Unglück, unerwartet von einer schweren Choleraepidemie heimgesucht zu werden zu einer Zeit, als die nächsten Seuchenherde in Russland und Frankreich, also so weit entfernt waren, dass thatsächlich keine einzige deutsche Stadt gleicher Entfernung von den Herden schon auf einen ernsten Ausbruch der Cholera ganz vorbereitet war. So sind z. B. die trefflichen Einrichtungen im Krankenhause Moabit in Berlin erst unter dem Eindrucke der Hamburger Epidemie ins Leben getreten und ähnlich war es so ziemlich überall in Deutschland und Oesterreich. Will man die epidemiologisch-organisatorische Seite der Frage unbefangen beurtheilen, so muss man dies ausdrücklich und von vorn herein hervorheben, um objectiv vorgehen zu können und sich gegen den Vorwurf unberechtigten Tadels zu schützen. Einer ähnlichen Ueberraschung gegenüber würde man sich auch in sämmtlichen anderen Städten anfangs der Seuche nicht ganz gewachsen gezeigt haben, und es ist gar zu billige Weisheit, wenn dies später einfach ignorirt wurde. Andererseits hat die Choleraepidemie in Hamburg so schwere Unterlassungssünden ans Licht gebracht, dass eine Aenderung vieler bestehenden Einrichtungen unabweislich ist. Die unbefangene Darlegung dieser Verhältnisse dürfte aber auch um so nöthiger sein, als man nur bei voller Kenntniss der Mängel ernstlich an die Abstellung derselben herantreten kann. Da ich mich den ganzen Monat September in Hamburg aufgehalten, die anfängliche Kopflosigkeit noch in vollem Gange gesehen habe, aber auch Zeuge war, in welcher opferwilligen und energischen Weise man sich allmählich zu praktischen Maassnahmen aufraffte, und da ich mir vorher und nachher die Schutzmaassregeln an vielen Orten in Deutschland angesehen habe, dürften die folgenden Mittheilungen vielleicht etwas zur Aufklärung beitragen. Ich werde mich streng an die Dinge halten, die sich wirklich auf die Hamburger Epidemie beziehen. Ich muss dies betonen, weil es in Deutschland mehr als im Auslande und jetzt noch mehr als früher geradezu ein Sport geworden ist, sich die Epidemien darauf hin anzusehen, ob sie zu Koch's oder Pettenkofer's Ansichten passen. Die Thatsachen der Epidemie treten damit von vorn herein in den Dienst der Doctrinen und diese haben keine Veranlassung, auch andere und eventuell vermittelnde Ergebnisse der Beobachtung und Forschung zu beachten oder zu verwerthen. So musste es kommen, dass auch bei der vorjährigen Epidemie die alten Gegensätze, zum Theil in den Aussagen ihrer Vertreter selbst, unvermittelt auf einander platzten:

Ist die Cholera miasmatisch oder contagiös? Haben die Sperren gegen Hamburg Deutschland vor der Cholera geschützt oder Regen- und Bodenverhältnisse? Hat die Desinfection oder die Assanirung den Schutz gebracht?

Wenn auch schon 1886 in Finthen und Gonsenheim die Bakteriologie verwerthet wurde, um in Deutschland die Cholerauntersuchungen zu sichern, so ist dies doch erst diesmal in Hamburg in grösserem Maasse geschehen oder doch versucht worden. Ich will deshalb, vom geschichtlichen Gange abweichend, zuerst die bakteriologischen Ermittelungen anführen, die diesmal geltend gemacht wurden, um angeblich sicher Stellung für die eine Ansicht zu nehmen. Der Kommabacillus ist, wie Pettenkofer einmal meinte, eigentlich das einzige Sichere in der ganzen Cholerafrage und nur Klein in London und D. D. Cunningham in Calcutta halten ihn für etwas ätiologisch ganz Nebensächliches. **Auf jeden Fall giebt es keine Cholera ohne Kommabacillen.**

Zum Verständniss gebe ich zunächst eine Uebersicht der Erkrankungs- und Sterblichkeitsziffern bis zum unverkennbaren Abfalle der Epidemie. In Folge von Nachmeldungen dürften vielleicht die letzten Zahlen später noch etwas geändert werden, ohne dass dies aber den Werth der Zahlen im Ganzen alterirt.

| | Erkrankungen: | Todesfälle: |
|---|---|---|
| Bis 20. August | 85 | 36 |
| Am 21. „ | 83 | 22 |
| 22. „ | 200 | 70 |
| 23. „ | 272 | 111 |
| 24. „ | 367 | 114 |
| 25. „ | 671 | 192 |
| 26. „ | 995 | 318 |
| 27. „ | 1102 | 455 |
| 28. „ | 1028 | 428 |
| 29. „ | 980 | 393 |
| 30. „ | 1081 | 484 |
| 31. „ | 857 | 395 |
| 1. September | 842 | 394 |
| 2. „ | 810 | 478 |
| 3. „ | 780 | 439 |
| 4. „ | 679 | 293 |
| 5. „ | 580 | 281 |
| 6. „ | 490 | 258 |
| 7. „ | 422 | 225 |
| 8. „ | 353 | 160 |
| 9. „ | 402 | 155 |
| 10. „ | 439 | 178 |
| 11. „ | 354 | 150 |
| 12. „ | 384 | 142 |
| 13. „ | 293 | 129 |
| 14. „ | 314 | 103 |
| 15. „ | 316 | 141 |
| 16. „ | 398 | 141 |
| 17. „ | 337 | 117 |
| 18. „ | 222 | 110 |
| 19. „ | 233 | 110 |
| 20. „ | 217 | 87 |
| 21. „ | 194 | 79 |
| 22. „ | 165 | 55 |
| 23. „ | 138 | 67 |
| 24. „ | 64 | 30 |
| 25. „ | 70 | 31 |

Wenn eine Epidemie so explosionsartig auftritt, wie die Hamburger nach den vorliegenden Zahlen, so lenkt sich der Verdacht stets sofort auf ein so allgemein verbreitetes Medium wie das Wasser, trotzdem auch derartige explosionsartige Epidemien bekannt sind, in denen das Wasser als Infectionsvermittler ziemlich sicher ausgeschlossen werden konnte. Dieser Verdacht setzt voraus, dass die Infection bei der Cholera vom Munde aus erfolgt und dies darf ich wohl trotz Emmerich als die allein zulässige Annahme bezeichnen. Für jeden Kenner der Hamburger Verhältnisse kam nun erschwerend der trostlose Zustand des Hamburger Wasserwerkes hinzu, welches seinen officiellen Namen der Hamburger Staats-Wasser-Kunst daher zu führen scheint, dass es bei dem gegenwärtigen Zustande der Wassertechnik in der That eine Kunst ist, einer Stadt ein so unqualificirbares Wasser zuzumuthen und zuzuführen.

Welche bakteriologischen Beweise wurden nun geliefert, um die Infection der Wasserleitung wahrscheinlich zu machen? Ich muss vorausschicken, dass nach der bis jetzt wahrscheinlichsten Annahme die ersten Cholerafälle in Hamburg gegen den 15. bis 16. August erfolgt sein dürften. Der Dampfer Moravia, welcher Hamburg in der Nacht vom 17. zum 18. August mit reinen Gesundheitspässen verlassen hat, kam in New-York mit Cholerakranken an. Die erste sichere Diagnose auf Cholera wurde bakteriologisch im Krankenhause erst am 22. August gestellt und hat der viel angegriffene Medicinalinspector Kraus an diesem Tage amtlich dem Senate das Bestehen einer Choleraepidemie angezeigt. Wie es unter diesen Umständen möglich war, dass noch am 25. die „Normannia“ mit reinen Gesundheitspässen Hamburg verlassen konnte und dass die offiziellen Publicationen erst mit dem 25. August begannen, erscheint nachträglich unbegreiflich, war damals aber weniger überraschend, wenn man erfährt, dass zur Zeit der Höhe der Epidemie, am 27. August, noch Verhandlungen mit dem Polizeisenator über die Feier des Sedanfestes stattfinden konnten! Man hatte eben trotz der amtlichen Meldung der Fachorgane höheren und entscheidenden Ortes anfangs nicht das geringste Verständniss für die Bedeutung der Thatsache.

In Altona datirt der erste sichere Fall vom 19. August, dessen Diagnose durch Weisser war am 21. so sicher, dass von Koch bereits am 22. August die Culturen dieses Falles in Berlin demonstrirt wurden, und dass die preussische Regierung schon unter dem 22. August alle erforderlichen Maassnahmen anordnete. Auch in Wilhelmsburg ist der erste Fall vom 19. August.

Die uns jetzt so wichtig erscheinende Diagnose der ersten Fälle begegnete besonderen Schwierigkeiten, weil die jüngeren Generationen der Aerzte in Deutschland seit 1866 resp. 1873 die Cholera klinisch nicht kennen, weil aus demselben Grunde die jüngeren pathologischen Anatomen auch bei den Sectionen nicht mit voller Sicherheit vorgehen konnten. In diesen beiden Punkten, der Klinik und Autopsie der Cholera, können aber ausserdem Verwechselungen mit ähnlichen Krankheiten unterlaufen, so dass die bakteriologische Prüfung als Ergänzung erforderlich bleibt. Aber diese letztere dauert bisweilen zu lange, selbst wenn sie in 24 bis 48 Stunden entscheidend geführt werden kann. Ausserdem kann sie, wenn es sich um die Untersuchungen des Stuhles handelt, versagen, wie ich in sehr zweifelloser Weise mich in einem ganz typischen Falle überzeugen konnte. Ist die Bakteriologie am sichersten, so hat sie doch, allein angewendet, die Dauer gegen sich, und weiter verbreitete Kenntnisse der Klinik der Cholera würden früher den Verdacht rege gemacht haben. Die Erkennung der ersten Fälle bei Befallen eines Landes wird oft schwierig bleiben.

Eine regelmässige bakteriologische Controlle der Hamburger Wasserleitung bestand bis dahin nicht und im Elbewasser und in der Leitung sind vor, zu Anfang und auf der Höhe der Epidemie bis gegen Ende September Kommabacillen nicht gesucht und nicht gefunden worden.

Der bakteriologische Beweis kann übrigens nur dann als richtig erbracht gelten, wenn einmal vor einer Epidemie die Cholerabakterien ermittelt sind und sich an diese so nachgewiesenen Bakterien auch die Epidemie anschliesst. Im Verlaufe einer Choleraepidemie müssen unter Verhältnissen, wie sie in Hamburg bestehen, Cholerabakterien sicher in die Elbe gelangen, da die anfangs, mindestens bis zum 25. August, ganz undesinficirten Excremente durch die Kanäle direct in die Elbe gespült wurden.

Ist wenigstens dieser Beweis gelungen? Lubarsch glaubt ihn indirect erbracht zu haben, nachdem er am 11. September in Boizenburg im Kielraumwasser (Bilgewasser) eines von Hamburg ausgegangenen Dampfers, auf dem am 8. September ein Kind an Cholera gestorben war, Kommabacillen nachgewiesen hat. Er glaubt als wahrscheinlich annehmen zu sollen, dass die

Bacillen aus dem Elbewasser in Hamburg durch Undichtigkeiten von aussen in das Bilgewasser gelangt sind und dass sie nicht unmittelbar von dem kranken Kinde auf dem Schiffe in das Schiff gelangten. Nach den von Lubarsch gegebenen Daten ist das mehr als unwahrscheinlich, und es ist deshalb aus dieser Beobachtung thatsächlich nichts weiter sicher zu entnehmen, als dass das Kielraumwasser eines Schiffes, wenn es Kommabacillen enthält, dieselben auch weiter transportiren kann, dass also die Cholera zu Schiffe reisen kann. Lubarsch hält dies übrigens selbst für das einzig Sichere bei seinem Falle.

Der zweite Beweis rührt sogar erst vom Ende des Monats October her. Es soll, wie ich berichtet bin, gelungen sein, indirect den Nachweis zu führen, dass im Filtersande des Altonaer Wasserwerkes Kommabacillen vorhanden waren. Da Altona sein Wasser unterhalb Hamburg und Altona bei Blankenese der Elbe entnimmt, so können sie nur aus dem aufgepumpten Elbewasser in die Filter gelangt sein. Diese ans dem Filtersande ausgewaschenen Kommabacillen sollen mit dem Abwasser der Filterwäsche und durch dasselbe Veranlassung zu einer isolirten Hausepidemie in Blankenese gegeben haben, durch die eben der Verdacht auf das Filterwaschwasser gelenkt wurde. Mit der Epidemie in Hamburg und Altona hat dieser Nachweis post festum nichts zu thun.

Endlich ist es C. Fränkel gelungen, im Hafenwasser von Duisburg am Rhein Kommabacillen nachzuweisen, nachdem vorher die Excremente eines Cholerakranken in das Wasser gelangt waren. Eine Epidemie hat sich an diese Bakterien nicht angeschlossen, also das gerade Gegentheil des Erwarteten trat ein: der als „verseucht“ nachgewiesene Fluss hat keine Cholera veranlasst. Mit Koch's Fall, bei dem im Verlaufe einer localisirten Epidemie in einem Tank in Indien Kommabacillen gefunden worden waren, beweist dieser Fall zunächst gar nichts weiter, als dass man unter Umständen, aber nicht einmal sonderlich leicht, im Wasser, in welches Kommabacillen gelangt waren, auch gelegentlich Kommabacillen nachweisen kann. Fränkel giebt ausdrücklich an, dass er aus demselben Wasser 2 Tage später keine Kommabacillen mehr cultiviren konnte.

Er fand also, dass die Kommabacillen in diesem Nährboden der Concurrenz mit anderen Mikrobien (wohl bei Zimmertemperatur des Laboratoriums) nicht gewachsen waren. Kraus hatte schon früher ermittelt, dass die Kommabacillen in dem nicht sterilisirten Wasser bei 10° rapide absterben. Ich selbst hatte gefunden, dass die Cholerabakterien sich in sehr schlechtem Wasser bei 16 bis 20° gelegentlich einmal, unter ständiger Abnahme der Zahl — nach späteren Versuchen aber auch wahrscheinlich unter Verminderung oder Verlust der Virulenz und Infectionsfähigkeit — bis zum 10. Tage nachweisen liessen trotz der Anwesenheit anderer Bakterien.

Ausserdem reisten die Kommabacillen mit den Schiffen und in und mit den Schiffern von Hamburg vorwiegend stromaufwärts und nicht mit dem Flusswasser stromabwärts.

Hiernach kann man ruhig behaupten, dass die Art, wie in diesem Jahre die grossen Flussläufe als solche, aber auch ganz kleine reissende Gebirgsbäche wie die Nette, ein Nebenflüsschen vom Rhein, für „verseucht" erklärt wurden, vielfach über das Ziel hinausgeschossen ist. Man wird vor dem Genusse eines solchen Wassers warnen, da sich ein Laie wenigstens vermuthlich den Genuss von Kommabacillen nicht leisten will, aber man wird auch mehr zu beachten haben, dass es nicht sowohl das Flusswasser, als die auf demselben fahrenden Schiffe und Schiffer sind, die die Cholera verbreiten. Man sollte deshalb die Sache doch etwas reiflicher durcharbeiten, da die in hoher Blüthe stehende gewohnheitsgemässe Unreinlichkeit, die für die Verbreitung der Cholera und für die Bildung von secundären Choleraherden sehr wichtig sein dürfte, an den meisten Orten nur im Sommer durch die Flussbäder eine zeitweilige und sehr erwünschte Unterbrechung erfährt.

Da wir aus den Epidemien doch auch wissenschaftlich lernen müssen, so habe ich nur ehrlich einzugestehen, dass die Bakteriologie uns bei Gelegenheit der Choleraepidemie 1892 ätiologisch nicht weiter gebracht hat, soweit der Nachweis der Wasserinfection zu führen war. Dies muss klar und unzweideutig bekannt werden, weil wir sonst der Gefahr einer bakteriologischen Mystik entgegengehen, die nicht geeignet ist, die bestehenden Unklarheiten der Epidemiologie zu beseitigen.

Lassen sich nun epidemiologische Beweise für die Betheiligung der Wasserleitung, sit venia verbo, also der Staats-Wasser-Kunst an der Epidemie in Hamburg beibringen?

Bei Gelegenheit der Typhusepidemie von 1885/86 hatte Simmonds gegenüber der damals in Hamburg allein herrschenden localistischen Auffassung mit Schärfe auf die Wasserleitung hingewiesen. Ich selbst hatte 1887, als ich Gelegenheit hatte, die Verhältnisse zu untersuchen, mich sehr entschieden für die Betheiligung des Wassers ausgesprochen, allerdings auch auf einige locale Ausnahmen aufmerksam gemacht. Noch mehr that dies letztere Reincke. Vor allem trat in Hamburg neben dem Wasser das locale Moment stets so in den Vordergrund, dass man bei gleichem Wasserbezuge mindestens zwischen Marsch- und Geestboden unterscheiden musste. Das Wasser wirkte trotz seiner allgemeinen Schlechtigkeit auf Marschboden anders als auf Geestboden, trotzdem auf beiden Proletariat mit seinem socialen Elend wohnt.

Die Choleraepidemie brach nun diesmal, soweit ich mich bis jetzt orientiren konnte, ohne Rücksicht auf Marsch und Geest an den verschiedensten Theilen der Stadt aus und zeigte auch im Verlaufe keine derartige Localisation. Ueberall waren es anfangs vorwiegend Schiffer und Arbeiter, deren Beschäftigung auf den Hafen wies, und deren Angehörige. Dass ein sehr grosser Theil dieser Arbeiter in möglichster Nähe des Hafens und in dem berüchtigten Gängeviertel wohnt, ist deshalb keine Localisation im Sinne der Bodentheorie, weil auch die auf dem Geest wohnenden Arbeiter, welche Abends in die Vororte zurückkehren, auch dort die anfangs vorwiegend von der Cholera Befallenen waren. Das locale Moment auf dem Marschboden, welches sich allein nachweisen lässt, liegt nur in der localen Beschäftigung am Hafen oder in dessen Nähe. Bei der Bedeutung, die der Hafen im Leben Hamburgs und seiner Nachbarorte spielt, ist dieses Moment aber so wichtig, dass es weit über das Marschland hinübergreifen muss, wenn es unmittelbar zur Wirkung kommt. Da nun nicht alle Leute, die von der Seuche befallen wurden und in den verschiedensten Theilen der Stadt wohnten, Hafenwasser getrunken haben, so wird man gezwungen, noch nach einem andern unmittelbar auf das Elbwasser hinweisenden localen Momente zu suchen, welches über die ganze Stadt sich ausbreitet, und das kann nur das an diesem Orte aus der Elbe entnommene Leitungswasser sein.

Dieses Leitungswasser wird nicht nur als Gebrauchswasser in den Haushaltungen und auf den Strassen überall verwerthet, es kommt nicht nur durch den Gebrauch beim Reinigen der Trink- und Essgeschirre und in der Küche auch indirect zur Aufnahme, sondern es wird auch getrunken. In den besser situirten Kreisen geschieht das letztere allerdings wohl nicht, aber in den Arbeiterkreisen zweifellos, da der wirkliche Durst doch nur mit

Wasser gestillt werden kann — und die Temperatur war von Mitte bis Ende August weit über dem Mittel der Sommertemperatur, der Durst also sicher sehr gross. Musste sich der Verdacht auf das Hafen- und Leitungswasser lenken, so konnte das nicht ganz allgemein auf den Gebrauch dieses Wassers zurückgeführt werden, da dieser Gebrauch in den guten Wohnungen sicher viel stärker war als in den Quartieren der Arbeiter, sondern das Wasser musste als Trinkwasser in Betrackt kommen. Nur so wurde bei allgemeiner Verbreitung über die ganze Stadt das relative Verschontbleiben der viel Wasser verbrauchenden, aber kein Leitungswasser trinkenden besser situirten Kreise und das relativ starke Befallenwerden der wenig Wasser gebrauchenden, aber das Hafen- und Leitungswasser trinkenden Schiffer- und Arbeiterkreise erklärlich.

Wenn sich der Verdacht wegen des sofortigen Vorkommens von Fällen an den verschiedensten Theilen der Stadt, wegen der ersten Häufung bei Rothenburgsort und wegen der sicheren Provenienz vieler früherer Fälle vom Hafen her, sofort auf das Wasser des Hafens und der Leitung lenkte, so ist dies begreiflich, wenn man den Zustand der Hamburger Staats-Wasserkunst kennt.

Der Hamburger Hauptsammelcanal für die Abwässer und Fäcalien, das Hauptstammsiel, mündet an der Grenze von Hamburg-Altona in die Elbe. Von hier aus wird dieser Schmutz aber nicht einfach flussabwärts weiter geführt, sondern dies geschieht nur zu der Zeit der Ebbe. Der Schmutz wird vielmehr zur Zeit der Fluth, wie ich selbst bei einem derartigen Schwimversuche 1887 gesehen habe, flussaufwärts zurückgestaut und gelangt so jeden Tag sicher, jahraus, jahrein bis zu jener Stelle bei Rothenburgsort, an der die Hamburger Staats-Wasserkunst ihr Wasser der Elbe entnimmt. Das Schmutzwasser vieler kleiner Siele gelangt sogar noch viel weiter stromaufwärts. Dieses Wasser kann nur zur Zeit der Fluth, muss also stets sicher mit Fäcalstoffen der Stadt beladen in die Ablagerungsbecken des Wasserwerkes gelangen. Der Bedarf an Wasser ist aber so gross, dass in diesen Becken selbst für die geringe Vorreinigung durch Sedimentirung keine ausreichende Zeit ist. In Folge dessen gelangt das Wasser, stets gemischt mit Hamburger Fäcalstoffen, direct in die Leitung, da keinerlei Filtration vorhanden ist. Das Wasser passirt nun nicht etwa schnell die Leitung, sondern in jedem Hause befindet sich ein kleines

Wasserreservoir, in dem erst sich der Schlamm aus dem Wasser niederschlägt, so dass hier die verdächtigsten Stoffe aus den Häusern, die durch Aborte und Kanäle entfernt wurden, zum Theil wieder in die Häuser gelangen und aufgespeichert und conservirt werden. Das Wasser wird durch diese Sedimentirung in den Hausreservoirs für das Auge in der Regel so ungenügend gereinigt, dass noch ausserdem Hausfilter vielfach in Gebrauch sind. Das einzige Filter, welches bei einer Leitung aber etwas helfen kann, ist ein **Centralfilter** und dieses fehlt von Anfang an. Dass solche Zustände schon aus ästhetischen Gründen geduldet werden konnten, erscheint jedem reinlichen Menschen unbegreiflich und in der That ist der Widerstand nicht von heute. Der jetzt so viel geschmähte und verdächtigte Medicinalrath von Hamburg, Dr. Kraus, hatte 1876 auf der Naturforscherversammlung in Hamburg öffentlich die Centralfiltration gefordert, später hat sich der jetzige Oberingenieur Andreas Meyer wiederholt dafür verwendet und am 7. September 1886 hatte sich der Senat dafür entschieden. Der Grund, weshalb trotzdem alles beim Alten blieb, lag wohl darin, dass man sich unter vollständigem Verkennen der Auffassung Pettenkofer's über die Nothwendigkeit, einer Stadt zum Gebrauche und zum Reinigen reines Wasser zuzuführen, aus dessen localistischen Auffassungen den Umstand zu Nutzen machte, dass man in Hamburg stets und selbst bei der Typhusepidemie 1885/86 neben dem Wasser noch andere locale, dem Wasser angeblich übergeordnete Momente hatte nachweisen können. Inzwischen hatte der einzige fachmännische technische Verein Deutschlands, der der Gas- und Wasserfachmänner, die Nothwendigkeit erkannt, sich mit der neuen Wissenschaft der Bakteriologie auseinanderzusetzen und er hatte mich 1886 mit dem Referate beauftragt. Erst 1887 konnte ich dieser Aufforderung entsprechen und hielt bei der Jahresversammlung in Hamburg am 16. Juni einen Vortrag „über die Beurtheilung centraler Wasserversorgungsanlagen vom hygienischen und bakteriologischen Standpunkte“.

Da die dis dahin üblichen Kriterien ganz versagt hatten, auch Koch's neuer Maassstab, die Beurtheilung der hygienischen Tauglichkeit eines Wassers nach der Zahl der Bakterien vorzunehmen, in seiner Fassung ganz verunglückt war und man das Urtheil prophylaktisch begründen muss, um zu verhüten, dass eine Infection und Epidemie eintreten kann, so war ich auf Grund meiner Untersuchungen und der Erfahrungen der Praxis zu einem ganz neuen, einfachen Standpunkte gekommen, der später auch von anderen geäussert wurde. Auch der internationale hygienische Congress in Wien nahm im September 1887 meine darauf basirte Resolution einstimmig an, so dass thatsächlich auf Grund des von mir zuerst und ganz neu eingeführten Standpunktes zum ersten Mal 1887 eine Einigung erzielt wurde, die besonders von den Wassertechnikern überall bereits zur Grundlage gewählt ist. Diese thatsächliche Einigung in einer so wichtigen Sache ist so erfreulich, dass ich mich gern darüber tröste, dass meine damaligen Arbeiten über Wasserversorgung und -Beurtheilung viel gebraucht und wenig citirt wurden. Ich forderte, indem ich zugleich die ganze Wasserversorgung auf das Quellproblem und die Reinigung und Desinfection im Boden begründete, **die Infections-Unmöglichkeit jeder Wasserversorgungsanlage.** Diese lässt sich hygienisch-bakteriologisch stets untersuchen und man braucht nicht zu warten, bis eine Epidemie ausgebrochen ist; man kann den Brunnen schliessen, ehe das Kind hineingefallen ist. Diese Forderung kann man aber schliesslich, wenn die Technik und Methodik noch weiter durchgebildet sein wird, sicher und principiell schon jetzt auch für die anderen Werke der Assanirung erheben.

Von diesem neuen, überaus einfachen, stets durchführbaren Standpunkte aus hatte ich damals öffentlich in einer Fachversammlung, der officiell Vertreter Hamburgs beiwohnten, mein Urtheil über die Hamburger Staats-Wasserkunst dahin abgegeben, dass ich 1887 das Hamburger Leitungswasser im gekochten, also desinficirten Zustande zum Reinigen der Fussböden für geeignet erklärte!

Aber erst 1889, also nach zwei weiteren Jahren, wurde endlich eine Einigung zwischen Senat und Bürgerschaft erzielt und das Geld für die Centralfilter bewilligt. Die neue Anlage liegt so sehr viel weiter stromauf, dass das Schmutzwasser des Hamburger Hauptsiels nicht mehr, sondern nur das einiger kleinerer Siele durch die Fluth bis zur neuen projectirten Entnahmestelle zurückgestaut wird. Im letzten Sommer, 1892, also nach wieder 3 Jahren, war man noch in den Vorarbeiten zu den neuen Sedimentirbecken und Centralfiltern, als die Cholera ausbrach! Ueber Schnelligkeit der bisherigen Behandlung der Wasserfrage wird sich wohl Niemand beklagen können.

Während diese Bummelei — wie man das ausserhalb Hamburgs nennt — in der Behandlung einer Lebensfrage einer Grossstadt überall sonst als „unverantwortlich“ bezeichnet wurde, hatten in einer Bürgerversammlung während der Choleraepidemie im September vorigen Jahres einige Redner den traurigen Muth, diese Wirthschaft nicht nur zu beschönigen, sondern sogar zu erklären, dass man stets seine volle Pflicht gethan habe — leider was das alles nur auf dem Papier geschehen. Hatte sich die Cholera in diesem Jahrhundert als der einzige durchgreifende Anstoss bewährt, der früher, zumal in England, die Hygiene mit ihren Forderungen für Assanirung der Städte und für Reform des Sanitätswesens ins Leben gerufen hatte, war die Cholera dauernd als „Polizei der Natur“ thätig, die Mängel einer überlebten Sanitätspolizei ans Licht zu bringen, so hat diesmal die Cholera in Hamburg nicht nur auf hygienische Unterlassungssünden hingewiesen, sondern auch grell die Mängel der ganzen Organisation beleuchtet.

Wer einigermaassen die Geschichte der modernen Hygiene kennt, weiss, dass deren Leistungen in erster Linie aus autonomen Bestrebungen hervorgegangen sind, so sehr, dass einige philosophirende Verwaltungsbeamte und Hygieniker nur bei vorhandener Autonomie überhaupt von öffentlicher Gesundheitspflege gesprochen wissen wollen. Wo in diesem grossen Sinne, der das gesammte Leben im Auge behält, Hygiene getrieben wurde, hat man überall vorbauend „assanirt“ und konnte deshalb die kleinlichen Nörgeleien der älteren Sanitätspolizei entbehren. Dies war in England so weit gegangen, dass man auch der Cholera gegenüber die alten Scherereien der Quaratänen ganz aufgegeben hat und den Handel und Verkehr nicht mehr belästigt, und doch hatte England 1892 keine Choleraepidemie.

Auf dem Continente hatte man sich seit einigen Jahren unter dem Einflusse der Bakteriologie gewöhnt, diese Haltung Englands wesentlich auf seine Krämerpolitik zu beziehen, während das derzeit schutzzollfrohe Amerika sich als ächter „Sperrling“ die Maximen des europäischen Continents gegenüber der Cholerainvasion angeeignet hat. Als nun plötzlich im August in Hamburg und nur dort in Deutschland die Cholera ausbrach, wurde mit einmal in Deutschland unter Vergessen aller Lehren der Geschichte der Cholera gegen Hamburg eine Absperrung ins Leben gerufen, die entschieden noch etwas anderes als nur einen Protest gegen einige sanitäre Missstände ausdrückte. Diese an sich abscheuliche, unsere deutsche Cultur tief beschämende Absperrung gegen das grosse Unglück unserer ersten Seestadt, die nur noch von Amerika überboten wurde, enthielt auch Momente des Kampfes der Bureaukratie gegen die Autonomie, bei der letztere zunächst sehr schlecht abschnitt. Im Bewusstsein, dass im Binnenlande überall die viel geschäftige Sanitätspolizei auch gegen die Cholera wohl und sicher gewaffnet sei, war man sofort ausserhalb Hamburgs überzeugt, dass dort nur die lässige Krämerpolitik mit ihrem Manchesterthum die Schuld an dem ganz Deutschland bedrohenden Unheil trage, weil der Handel durch strenge Polizeimaassregeln geschädigt, durch Gehenlassen begünstigt würde. Der durch die Cholera heraufbeschworene Gegensatz gegen Hamburg zeigt von Neuem und deutlicher als viele andere Momente, dass jahrhunderte alte historische Widersprüche nicht so schnell zu beseitigen sind.

Als man noch keine preussische, keine deutsche Flotte hatte, war Hamburgs Flagge auf allen Meeren bekannt und geachtet. Bei der deutschen Kleinstaaterei auf sich angewiesen, hatte sich Hamburg zu einem gewaltigen Welthafen entwickelt. Die Hansen lernten nur das Meer als ihre wahre Heimath achten; das übrige Deutschland war für sie Hinterland. Wie der an harte Entbehrungen und andersgeartete Beschränkungen gewöhnte Seemann, wenn er nach langer Fahrt wieder Land betritt, sich durch die Verkehrsverhältnisse des Landes beengt fühlt und sich gern übermüthig über dieselben hinwegsetzt, weil er sie für kleinlich hält und ihre Bedeutung verkennt, so hatte man auch in Hamburg sich wirklich nur mit den grossen Seetraditionen vertraut gemacht und das Verständniss für die Verwaltungseigenthümlichkeiten des Hinterlandes noch nicht ausreichend gewonnen und sich vielfach darüber hinweggesetzt. Dieses Hinterland ist aber jetzt ganz Deutschland im neuen Sinne und Hamburg ist nur noch dessen erster Hafen. Diese ganze Verschiebung der Verhältnisse ist bis jetzt aber noch nicht vollständig gewürdigt und vor allem hat die Organisation und Verwaltung noch recht wenig damit gerechnet.

Die Organisation des Bundesstaates Hamburg ist inhaltlich wesentlich auf die Seeverhältnisse und formell auf meist überlebte Traditionen einer einst berechtigten Oligarchie gegründet. Das Ministerum dieses „Staates“ ist zahlreicher als das Ministerium irgend eines Grossstaates. Dazu kommt eine Zusammensetzung des Senates nur aus Juristen und Kaufleuten, die in keiner Weise modernen Verhältnissen entspricht. Unter solchen Verhältnissen hat sich historisch die trostloseste Verwaltungspraxis entwickelt, die man kennt, und die sich für Jeden, der von Verwaltung eine Ahnung hat, kurz als Deputations- und Commissionswirthschaft bezeichnen lässt. Lauter Deputationen und Commissionen und keine Fachbeamte mit Initiative und Verantwortlichkeit! Seit der Choleraepidemie sprechen die österreichischen Polen, um das, was man in Deutschland bisher polnische Wirthschaft nannte, zu bezeichnen, von Hamburger-Wirthschaft und verweisen stolz auf die sanitären Leistungen in Galizien! Wenn man damit die einfache, sachliche, billige staatliche und autonome Verwaltung eines preussischen Regierungsbezirkes vergleicht, so muss wohl Jeder erkennen, dass eine derartig vielköpfige Verwaltung weder nach Form noch Inhalt den modernen Verhältnissen eines Staates und einer Weltstadt entspricht. Was so jetzt an Mängeln der Organisation der Hamburger Oligarchie oder Republik durch die Cholera beleuchtet wurde, kann früher oder später auch durch andere Ereignisse blossgestellt werden, so dass gründliche Abhülfe unabweislich ist. Man gebraucht kein Verehrer der Herdengleichheit des allgemeinen und gleichen Wahlrechts zu sein, um die Nothwendigkeit einer Reform des Senates und der Zulassung einer grösseren Betheiligung der Bürgerschaft und Arbeiter einzusehen. **Sofort nöthig sind geschulte Beamte und wirkliche Fachleute mit Verantwortlichkeit und Initiative, damit diese elende Deputations- und Commissionswirthschaft mit ihren Verschleppungen beseitigt wird.** Statt in Bürgerversammlungen und Zeitungen „richtig zu stellen", sollte man lieber „richtig handeln"! Das geschieht aber bei der bisher beliebten Praxis nicht, wenn man damit die Promptheit vergleicht, mit der in dem benachbarten Preussen die Geschäfte besorgt werden, und das Selbstlob in Bürgerversammlungen kann doch Niemanden jetzt noch täuschen.

Ausserhalb Hamburgs hat man sich nur darüber getäuscht, dass man annahm, das Verschleppen geschähe absichtlich, und absichtlich sei der Ausbruch der Cholera gegen besseres Wissen verheimlicht worden. Das halte ich für nicht ganz richtig. Es lag in dem 20 Jahre dauernden Verschleppen der Wasserfrage und der Baugesetzgebung, in dem überaus langsamen Erklären des Choleraausbruches, in den Berathungen zum Feiern von Festen zur Zeit einer die Bevölkerung in tiefe Trauer versetzenden Epidemie wohl kaum etwas Absichtliches. Es war wohl kaum etwas anderes als die Gewöhnung des an sich schon langsam arbeitenden Niedersachsen an die Deputationswirthschaft, bei der nie und nirgends prompt gehandelt wird, bei der sich Jeder auf den Andern verlässt und desshalb Niemand den Ernst einer Lage sofort ganz übersieht, bei der Niemand die volle Verantwortlichkeit trägt und sich desshalb auch Niemand mit seiner Person voll einsetzt.

Diesen Mängeln stehen aber auch grosse Vorzüge zur Seite. Während man auf dem ganzen Continente sich allmählich gewöhnt hat, alles Heil nur vom Staate zu erwarten und die Selbstständigkeit als überflüssig immer mehr bei Seite wirft, haben sich die Hamburger entschieden und in sehr erfreulicher Weise den echt germanischen Sinn für Selbstständigkeit gewahrt. Nicht von oben herab, sondern aus der Bürgerschaft heraus wurde zuerst gegen die Kopflosigkeit und Lethargie angekämpft. Wer das so mit erlebt hat, wie ich, muss unbedingt die grösste Hochachtung vor einem Gemeinwesen bekommen, dessen Bürger die Kraft haben, so vorzugehen. Wer die lieblose Absperrung Deutschlands gegen Hamburg dort mit erlebt hat, versteht es eher, wenn im Aerger hierüber und im Stolze auf das wenn auch verspätete, so doch eigene Handeln viele Hamburger jede spätere Hülfe von ausserhalb ablehnen wollten. Dieses stolze, in unserer Zeit der allein seligmachenden Staatsweisheit doppelt wohlthuende Gefühl für eigene Kraft und Selbstständigkeit, sollte bei den nothwendigen Reformen ängstlich gewahrt werden. Die Schablone vom grünen Tisch und die Routine der Verwaltung würden viel schlimmer sein, als der jetzige Zustand, wenn nicht dieser gesunde Geist des ächten Hansenthums voll in Geltung bliebe.

Wie in England, wie in vielen continentalen Städten, so hat auch in Hamburg die Autonomie die grossen Fragen der Assanirung längst in Angriff genommen und Hamburg hat als *eine der ersten* deutschen Grossstädte sich mit einer Central-Wasseranlage versehen. Wenn man sieht, welche grossen Summen gerade in Hamburg für Assanirungsarbeiten und andere öffentliche Einrichtungen im Gesundheitsdienste ausgegeben worden sind, so wird man wohl den Vorwurf fallen lassen müssen, dass man dort nichts habe thun wollen. Der **unverantwortliche** *Fehler lag nur in der Art der Vorbereitung und Ausführung und dieser* **steckt im ganzen Verwaltungssystem**, kann also der jetzt lebenden Generation nicht allein in die Schuhe geschoben werden. Die geringste Schuld trifft aber die am meisten Beschuldigten, die Medicinalbeamten und Techniker, von denen ich erwiesen habe, dass sie seit fast 20 Jahren auf die Abstellung der bei der Choleraepidemie am schroffsten hervorgetretenen Mängel hingewiesen und um deren Abstellung gekämpft kaben.

Berücksichtigt man diesen Umstand mit, so begreift man einigermaassen, dass der vorher geschilderte trostlose Zustand der Wasserentnahme für die Wasserleitung sich so lange halten konnte. Man versteht aber auch sofort, dass in Hamburg und ausserhalb der Grund für das explosionsartige Auftreten der Cholera in einer Infection einer solchen Wasserleitung gesucht wurde. Sprechen nun auch noch bestimmte andere Beobachtungen für diese Annahme? Wie bei der Typhusepidemie 1885, so waren auch diesmal Altona und Wandsbeck relativ von der Cholera verschont. Die in diesen beiden Nachbarstädten vorgekommenen Fälle wiesen anfangs fast ausschliesslich und später vorwiegend auf Beschäftigung in Hamburg, speciell im Hafen, so dass die Fälle unbekannter Herkunft oder spätere Herdbildungen in diesen Städten für den Anfang und das explosionsartige Auftreten gar nicht in Betracht kommen. Beide Städte sind in Bezug auf den Boden und die von diesem abhängigen Localisationen mit den benachbarten und unmittelbar zusammenhängenden Theilen von Hamburg gleichgestellt — und doch ist die Epidemie sofort ganz anders, fast wie abgeschnitten, besonders wenn man jene Fälle mit berücksichtigt, deren Bezug aus Hamburg sicher war.

Wandsbeck hatte bei 20 571 Einwohnern bis zum letzten Tage, dem 15. October, 64 Cholerafälle = 3,1 pro mille und 43 Todte = 2 pro mille; Altona hatte bei 143 249 Einwohnern bis zum 5. November 572 Erkrankungen = 3,9 pro mille und 328 Todte = 2,3 pro mille; der Hamburgische Staat dagegen hatte bei 622 530 Einwohnern bis zum 12. November 17 974 Erkrankungen = 28,8 pro mille und 7 611 Todte = 12,2 pro mille; das eigentliche inficirte Gebiet, Stadt und Vorstädte, hatte bei 579 904 Einwohnern 17 891 Erkrankungen = 30,8 pro mille und 7 582 = 13 pro mille Todesfälle an asiatischer Cholera. Die veröffentlichen Zahlen stimmen nicht genau überein, so dass ich die bis jetzt besten Publicationen nach Möglichkeit berücksichtigte. Kleine spätere Correcturen erscheinen deshalb nicht ausgeschlossen, dürften aber das Bild im Ganzen unverändert lassen.

Auf der Elbe-Insel Wilhelmsburg waren bis 22. September bei 10 000 Einwohnern 120 Erkrankungen und 55 Todesfälle, also in minimo 12 pro mille Erkrankungen und 5,5 pro mille Todesfälle. Diese Fälle vertheilen sich aber auf einen nur ca. 6000 Bewohner haltenden Theil der Insel, so dass die Morbidität 20, die Mortalität aber 9 pro mille beträgt, also bedeutend höher ist als die von Altona, während die Morbidität annähernd gleich ist mit der der benachbarten Hamburger Elbe-Insel Steinwärder.

Diesen Zahlen gegenüber kommt es wenig in Betracht, dass Altona in vielen Theilen höher liegt als ein Theil des benachbarten Hamburgs, besonders da die zum Theil schwer befallenen Hamburger Vororte vielfach noch höher liegen als Altona. An der Grenze gehören manche Strassen theils zu Altona, theils zu Hamburg resp. beziehen in einzelnen Häusergruppen ihr Wasser aus der Hamburger, in anderen aus der Altonaer Leitung. So war z. B. in der Strasse „Am Schulterblatt“ die eine Häuserreihe, welche Altonaer Wasser bezog, von Cholera verschont, die andere Seite, welche Hamburger Wasser bezog, stark befallen. Eine Hamburg und Altona verbindende Strasse bildet einen geraden Zug auf gleichem Boden; der Hamburger Theil, Schmuckstrasse, hatte in jedem Hause Cholerakranke, der Altonaer Theil, Ferdinandstrasse, keinen Fall.

Der einzige durchgreifende Unterschied liegt in der Wasserversorgung, indem das von den drei Städten am meisten verschonte Wandsbeck jetzt eine Quellwasserleitung benutzt, während Altona sein Wasser zwar aus der Elbe entnimmt, aber es gut filtrirt. Während das Hamburger Wasserwerk den Sielinhalt aufnehmen muss, ohne dass dieser Zeit gefunden hätte, sich durch Sedimentirung, Verdünnung und Selbstreinigung genügend zu klären, entnimmt Altona sein Wasser weit unterhalb erst bei Blankenese, wo die Elbe schon wieder etwas reiner ist als bei Hamburg und Altona selbst, und dieses Wasser wird einer guten Sandfiltration unterworfen. Das ist gegenüber dem Hamburger Zustand geradezu ein ideales Verhältniss, trotzdem auch die besten Sandfilter zeitweilig mangelhaft functioniren können.

Auf der Elbinsel Wilhelmsburg kamen im Innern nur einige sporadische Fälle vor unter Leuten, die auf Hamburger Gebiet gearbeitet hatten. Nur unter dem unmittelbar an der Elbe wohnenden Theil der Bewohner kam es zu einer Epidemie und hier waren wieder die mit eigenen Brunnen versehenen Häuser auffallend verschont geblieben gegenüber den anderen, so dass auch hier der Nachtheil des Elbewassers unverkennbar ist.

In Hamburg selbst blieben die Bewohner der in durchseuchten Quartieren liegenden Kaserne während der ganzen Epidemie verschont, während in unmittelbarer Nachbarschaft unter local gleichen Verhältnissen viele Erkrankungen vorkamen, ebenso wie bei den in Bürgerquartieren untergebrachten Mannschaften. In der Kaserne wurde das Wasser von Tiefbrunnen benutzt, während die Nachbarschaft auf das Hamburger Leitungswasser angewiesen war.

Bei den Verschleppungen der Cholera von Hamburg aus wurden vorwiegend Schiffer als die inficirten Personen ermittelt, so dass demgegenüber die anderen Verschleppungen etwas in den Hintergrund treten.

Fasst man alle diese Momente ins Auge, so wird es ganz **unabweislich, das Wasser des Hamburger Hafens und der Hamburger Wasserleitung für die Entstehung der Epidemie und für deren explosionsartige Ausbreitung verantwortlich zu machen.** Trotz der bakteriologischen Scheinbeweise stehe ich nicht an, die Hamburger Choleraepidemie für eine durch das inficirte Wasser bedingte Epidemie zu erklären. Man muss, um einen ähnlichen typischen Fall zu finden, bis auf jene Londoner Epidemieen von 1849 und 1854 zurückgehen, von denen auch Pettenkofer zugab: „Die Thatsache schneidet jede Discussion ab, das Londoner Wasser hat entschieden Einfluss geübt.“

Wie konnte aber das Wasser inficirt werden? Hierüber lassen sich nur Vermuthungen aussprechen. Im Gesundheitsamte in Berlin wurde angenommen, dass die Cholerakeime von russischen Auswanderern, die also Preussen und seine Grenzmaasnahmen passirt hatten, eingeschleppt worden seien. In Folge des Drohens der Cholera von Russland her war von der Dampfergesellschaft eine Baracke zur Isolirung der Auswanderer gebaut worden, die seit dem 20. Juni in Benutzung war. Die Verhältnisse derselben sind einfach aber zweckentsprechend und besser als sehr viele dieser Leute je gehabt haben; die Reinlichkeit der Leute wurde zu deren Entsetzen streng durchgeführt, die Effecten gereinigt, die Wäsche desinficirt, der Verkehr mit der Stadt unmöglich gemacht. Bis zum 25. August, als in Hamburg die Epidemie schon gewaltig war, war bei diesen Leuten kein Fall von Cholera und von Choleraverdacht vorgekommen und später kamen nur wenig Fälle vor. Nur der Umstand, dass der am 17. von Hamburg abgegangene, Auswanderer führende Dampfer Moravia in New York mit Cholerakranken ankam, stimmt hiermit nicht ganz und bedarf noch genauer Aufklärung.

Von einer Stadt war sogar der Reichsschutz gegen Hamburg angegangen worden wegen dieser Auswanderer; es hatte sich aber nachher gezeigt, dass die betreffenden Leute gar nicht aus Hamburg gekommen waren, dass es keine russischen Auswanderer waren, und dass sie gar nicht an Cholera gelitten hatten! Die Aborte der Baracke waren mit Spül- und Desinfectionsvorkehrungen versehen, so dass auch die Dejecte nicht undesinficirt in das Hafenwasser gelangten. Aber selbst wenn dies der Fall gewesen sein sollte, und selbst wenn Kommabacillen an dieser Stelle in das Hafenwasser gelangt sein sollten, so spricht immer noch gegen diesen Infectionsweg, dass einmal der Ausfluss dieser Siele gerade auf der anderen Seite der Elbe liegt und dass gerade hier eine directe Communication mit Rothenburgsort nicht besteht.

Während an dieser Stelle seit Juni eine sorgfältige Ueberwachung des Landverkehrs aus dem inficirten Russland bestand, war dies im Hafen dem Seeverkehr gegenüber nicht der Fall — und das war bei den in Deutschland weit verbreiteten Auffassungen über die Verbreitung der Cholere durch den Seeverkehr eine schwer wiegende Unterlassung. Es könnten viel eher Schiffe aus Russland oder Frankreich die Cholera eingeschleppt haben, um so mehr als die Dejectionen dieser Schiffer, dem allgemeinen Gebrauch entsprechend, undesinficirt ins Hafenwasser gelangen und sie viel näher und directer nach der Entnahmestelle des Leitungswassers kommen konnten. Wenn man die in dieser Epidemie zu Tage getretene Häufigkeit des Reisens der Cholera zu Schiffe hinzunimmt, wird diese Annahme der zuerst erwähnten Landreise gegenüber um so wahrscheinlicher, als bei letzterer auch die an der russischen Grenze von Preussen geübte Ueberwachung keine Einschleppung durch die Auswanderer hatte erkennen lassen.

Aber es ist noch eine andere Annahme möglich. Gerade in diesem Jahre wurde wiederholt nachgewiesen, dass bei ganz leichten Diarrhoeen, die als solche keinen Verdacht erregt hätten, wenn nicht Cholera bestanden hätte, in den Dejectionen oft Cholerabakterien vorhanden waren. Ich selbst habe einmal umgekehrt gefunden, dass zeitweilig selbst in den Dejectionen eines typischen Cholerafalles Kommabacillen nicht nachweisbar waren. Solche Schwierigkeiten wurden aber vor Ausbruch der Epidemie und trotz des Herrschens der Cholera in Russland und Frankreich nicht genügend beachtet und es könnte deshalb auch die Einschleppung nach Hamburg ganz unvermerkt zu Lande, wie 1865 in Altenburg oder 1886 in Finthen-Gonsenheim, durch andere Reisende erfolgt sein. Deren Dejectionen blieben dann selbstverständlich undesinficirt, gelangten so in die Kanäle und von hier unmittelbar in das Hafen- und Leitungswasser.

Während sich die erstere Annahme zur Zeit scheinbar ausschliessen lässt, ist eine bestimmte Stellungnahme gegenüber den beiden anderen Annahmen nicht möglich.

Fehlt so die Grundlage einer exacten Beweisführung, so erscheint es Manchem vielleicht müssig, nachzuforschen, ob vielleicht im August das Hamburger Wasser für die Kommabacillen besonders günstige Existenzbedingungen geboten haben könnte, wenn nicht in den localen Verhältnissen eine Entschuldigung für eine derartige Betrachtung läge.

In der zweiten Hälfte des Monats August war bei Hamburg der niedrigste Wasserstand, den die Elbe seit sehr vielen Jahren gehabt hat. Dadurch war das Wasser zur Vemehrung von Mikrobien mehr als sonst geeignet, da dieselben im Wasser der Elbe und des Hafens die Schmutzstoffe in einer ungewöhnlich concentrirten Form vorfanden. Gleichzeitig war aber auch seit langen Jahren die höchste Lufttemperatur und die höchste Wassertemperatur, die viele Tage Morgens um 8 Uhr schon 20 bis 22° betrug, so dass der steile Anstieg in den Curven, die mir in der Seewarte gezeigt wurden, gegenüber der gewöhnlichen Form der Curven der Wassertemperatur scharf hervortrat.

Beide Momente zusammen mussten vorübergehend auch empfindlicheren und selbst pathogenen Bakterien gestatten, sich zu erhalten und vielleicht sogar zu vermehren. Mindestens geht aus meinen früheren Versuchen hervor, dass unter solchen Bedingungen sich auch die Kommabacillen trotz der Gegenwart der gewöhnlichen Wasser- und Fäulnissbakterien viele Tage lebensfähig halten können. Das Elbewasser hat aber auch seit Jahren in Folge der Salzindustrie im Stassfurter Gebiete einen relativ hohen Gehalt an Salzen, speciell an Kochsalz. Dieser Salzgehalt, der unabhängig von Ebbe und Fluth ist und allein vom Oberwasser des Flusses abhängt, erfährt in jedem Jahre zeitweilig, besonders bei abnehmendem Wassergehalte der Elbe in der warmen Jahreszeit, eine der zunehmenden Concentration entsprechende Vermehrung, so dass das Elbewasser chemisch nicht mehr den reinen Charakter des Süsswassers, sondern fast den eines Brackwassers annimmt. Dies war im Geschmacke für uns, die wir allerdings unmittelbar aus dem Hochgebirge nach Hamburg kamen, so stark der Fall, dass wir unseren Gastwirth stellten mit der Frage, ob er etwa zu Desinfectionszwecken dem Theewasser Salz hinzugefügt habe — man musste damals eben auf mögliche und unmögliche Dinge gefasst sein. Im Juli war bereits ein Steigen des Kochsalzgehaltes bis zu 796,8 mgr im Liter beobachtet worden, dann war wieder eine mässige Abnahme erfolgt und seit dem 11. August wieder Steigerung bis zu 814,1 mgr (= 493,4 mgr Chlor) am 13. August, dann folgte eine langsame Abnahme bis 568,1 mgr am 26. August, von da an wieder eine langsame Steigerung. Entsprechend waren auch andere Salze vermehrt. Ein solcher Salzgehalt kann zum Absterben der Fauna der Elbe nichts beitragen, da diese an einen bis zu 0,5 pCt. schwankenden Salzgehalt angepasst ist und da in der Elbe der Wechsel des weit geringeren Salzgehaltes sich nur langsam vollzog. Dagegen können sehr viele Wasserorganismen schnelle Steigerungen der Wassertemperatur nicht vertragen, selbst wenn die Unterschiede an sich nicht sehr gross sind, z. B. nur 5° betragen. So kann schon eine Steigerung von 20 auf 25° tödtend wirken und solche Temperatursteigerungen kamen im August in der Elbe wiederholt vor. Im freien Flusswasser dürfte dies aber nicht so leicht schädigend wirken, weil das Wasser in seinen verschiedenen Tiefen verschieden temperirt ist. In kleinen Becken ist aber kein Entweichen möglich und hier muss sich der Einfluss einer so starken und plötzlichen Temperatursteigerung für die Fauna als tödtlich erweisen. Es kann also sehr wohl in der Leitung selbst und besonders in den gegen Abkühlung so trefflich geschützten, die hohe Temperatur so vorzüglich haltenden Hausreservoirs zu einem massenhaften Absterben der Leitungsfauna gekommen sein, die unendlich reich an Arten und Individuen ist: „Von solchen erlesenen Stücken hat kein Zoologe Idee.“ Man müsste also eigentlich das Hamburger Trinkwasser als ein kräftiges Volksnahrungsmittel à la Schlaraffia empfehlen — wenn es eben nicht infectionsverdächtig wäre. Dass unter solchen Verhältnissen das Hamburger Leitungswasser wohl den Charakter einer Nährlösung für Kommabacillen annehmen kann, ist möglich, so dass sich zeitweilig in Abschnitten der Leitung Verhältnisse ausbilden können, die sogar zur Vermehrung von Kommabacillen geeignet erscheinen. Vielleicht ist so das Material für manchen Herd und manche Hausepidemie entstanden, während die Ausbreitung über die Stadt auf die vielleicht wiederholte Infection der Leitung selbst zu beziehen ist.

Im Verlaufe der Epidemie, als die Wassertemperatur abnahm und nicht mehr unmittelbar zum rapiden Absterben der Fauna und damit zur Bildung von Nährbouillon beitragen konnte war dadurch für fortwährendes Absterben vieler Individuen der Elbewasser- und Leitungsfauna bis zu den Fischen hinauf gesorgt, dass eine unsinnige Verschwendung von Desinfectionsmitteln stattfand, die in die Siele und von da in die Elbe gelangten, wo sie vor ihrer ausreichenden Verdünnung auf viele Organismen tödtend wirken mussten, deren Cadaver mit in die Leitung gelangten.

Nach den Experimenten ist aber zur Erhaltung der Virulenz und Infectionsfähigkeit der Kommabacillen ein möglichst unverändertes eiweissartiges Nährmaterial nöthig, wie ich schon früher ermittelt hatte und Gruber kürzlich bestätigte. Auf anderem Nährmaterial verlieren die Kommabacillen, wie ich ebenfalls schon vor Jahren angegeben habe, ihre Giftigkeit und Infectiosität und Gruber hat neuerdings gefunden, dass dies bisweilen sehr schnell geschieht.

Trotzdem im Allgemeinen das Flusswasser bei uns in Folge seines zu geringen Gehaltes an Nährstoffen und seiner niedrigen Temperatur zur Vermehrung von Cholerabakterien ganz ungeeignet und zu ihrer Erhaltung sehr wenig geeignet ist und diese Conservirung noch dazu in der Regel unter Verhältnissen erfolgt, die zu einer schnellen Abnahme der Zahl der Keime und der Virulenz derselben und damit der Infectionsmöglichkeit führen, können nach diesen Erhebungen unter den örtlichen Verhältnissen Hamburgs zeitweilig im Monat August im Hafenwasser, im Leitungswasser, vor Allem aber in bestimmten Abschnitten der Wasserleitung, den Hausreservoirs Verhältnisse vorhanden gewesen sein, die zur Conservirung und Virulenzerhaltung, vielleicht sogar zur Vermehrung der Kommabacillen geeignet waren.

Die Hülfe gegen das schauderhafte Leitungswasser und seine wirklichen und möglichen Gefahren bestand während der Epidemie in der Warnung, dieses Wasser roh, ungekocht zu geniessen und undesinficirt zu Reinigungszwecken zu gebrauchen. In den wohlhabenden Familien war es wohl unter Aenderung aller Gewohnheiten möglich, alles Wasser zu kochen, vorausgesetzt, dass Jemand die Dienstboten auch controllirte, deren Reinlichkeitsbedürfniss sich nirgends als ein grosses gezeigt hat. In den Küchen fehlten vielfach die Vorkehrungen zum Kochen so grosser Wassermengen, so dass ich rieth, das für den Hausgebrauch bestimmte Wasser einfach in den dann dauernd in Gebrauch gesetzten Badeöfen zu kochen und in den Badewannen aufzusammeln.

Bei der ärmeren Bevölkerung, die nicht die Kohlen zum Heizen besitzt, kann natürlich von solchen Behelfen keine Rede sein. Es wurde deshalb an vielen Orten in der Stadt durch Locomobilen Wasser von Staatswegen gekocht und unentgeltlich abgegeben. An der Grenze von Altona und Wandsbeck wurden von diesen Städten an ihren eigenen guten Wasserleitungen Zapfstellen eröffnet. Dann wurde in Wagen gutes Wasser in die Stadt eingeführt. Bei diesen Einrichtungen haben sich besonders die Brauereien recht verdient gemacht.

Im Verlaufe der Epidemie, etwa gegen Mitte September, wurde die Desinfection der **Hausreservoirs** mit Kalkmilch angeordnet. Dieselbe liess sich rechtfertigen, da in diesen Behältern sich Schlammschichten des durch seine Herkunft verdächtigsten Materials oft von grosser Stärke bilden. In Zukunft sollten aber diese Behälter officiell überall **beseitigt** und directer Anschluss an die Leitung vorgeschrieben werden, damit jeder schädlichen Stagnation des Wassers vorgebeugt wird und das Wasser überall in der Leitung ordentlich fliesst. Dass man erst jetzt auf die Idee gekommen ist, eine gründliche Reinigung dieser Behälter officiell vorzuschreiben, ist eine der vielen Unverständlichkeiten, da jeder Wasserbehälter, jeder Brunnen zeitweilig einer Reinigung von der unvermeidlichen Bodenschlammschicht bedarf.

Eine Desinfection der ganzen Leitung mit Kalkmilch und das Kochen des genannten Leitungswassers an einer Centralstelle sind bakteriologische Phantasien. *Die Desinfection der Leitung soll durch steriles, desinficirtes Wasser erfolgen* — da allein liegt praktisch die Lösung dieser Frage.

**Die wichtigste Arbeit in Hamburg ist also die Aenderung der Wasserversorgung.**

Kann die projectirte Neuanlage dies leisten? Die Stelle der Wasserentnahme liegt in Zukunft weiter oberhalb als jetzt und ausserhalb des Bereiches, wohin durch Fluth der Unrath des Stammsiels gelangt. Aber die Stelle liegt nicht ganz ausserhalb des Bereiches der durch die Fluth zurückgestauten Verunreinigungen durch kleinere Siele. Der Zustand ist deshalb mindestens in Zukunft von Anfang an so schlimm wie seit Jahren bei der Entnahmestelle des Wassers für Berlin an der Oberspree, deren Ersatzbedürftigkeit sich Niemand mehr verschliesst. Die centrale Wasserfiltration muss deshalb ganz ungewöhnlich gut arbeiten und dauernd unter scharfer Controlle stehen. Immerhin wird der projectirte Zustand dem jetzigen gegenüber einen Fortschritt darstellen. Ob wohl in Wien angesichts solcher Erfahrungen der Gemeinderath mit seinem Bürgermeister noch die Stirn haben wird, Wien mit einer Donaunutzwasserleitung zur Ergänzung der Hochquellen zu beglücken? Während aber Wien ungeheuere Mengen eines tadellosen vom Hochgebirge herstammenden Grundwassers im Steinfelde zur Disposition hat, welches wegen früher gemachter gemeinderäthlichen Unterlassungs- und Begehungssünden jetzt nicht genommen werden soll, dürfte Hamburg nach den früheren Vorarbeiten vielleicht oder doch angeblich nicht in der Lage sein, die nöthigen Mengen Grundwasser zu beschaffen oder aus anderen Gegenden eventuell unverdächtiges anderes Wasser zu gewinnen.

Ob aber die früheren, vor 20 Jahren gemachten Vorarbeiten wirklich zur Entscheidung einer so wichtigen Frage ausreichend sind, ist mir noch nicht so sicher, besonders da ein so ausgezeichneter Hydrologe wie Thiem darauf hingewiesen hat, dass in Norddeutschland viel mehr gutes Grundwasser vorhanden ist als man annahm. Diese Frage wurde in Hamburg wieder angeregt, als man empfahl zur vorläufigen Linderung der Noth in der Stadt selbst Brunnen in grösserer Zahl anzulegen. Auch Koch empfahl dies, weil die Untersuchungen von C. Fränkel aus seinem Laboratorium ergeben hätten, dass das Grundwasser auch in Städten bei ca. 4 m Tiefe stets keimfrei sei. Vor Fränkel hatte ich schon 1887 und 1888 auf Grund praktischer Versuche darauf hingewiesen, und zwar unter besonderer Hervorhebung der Reinigungs- und Desinfectionsvorgänge im geschlossenen Boden gegenüber der Infectionsmöglichkeit bei offenem Wasser, dass das Grundwasser bei 4 m Tiefe meist keimfrei ist und deshalb mehr als bisher statt des offenen Fluss- und Seewassers zu benutzen ist. Nur bei Rissbildung und alter Infiltration ist dies nicht stets der Fall und dies hatte auch G. Frank in Koch's Laboratorium vor Fränkel ermittelt. Wenn man aber auch wirklich in einer Stadt keimfreies Grundwasser finden kann, so ist damit diese Frage noch nicht erledigt. Im Bereiche von Ebbe und Fluth ist in stark bewohnten Theilen, wie man dies in Hamburg bei den Zollanschlussbauten direkt sehen konnte, der Boden so schauderhaft imprägnirt und das Wasser chemisch so ungenügend, dass es als ein reiner Hohn auf den oben von mir für die Wasserversorgung hingestellten Grundsatz prophylaktischer Maassnahmen erscheint, wenn man ohne Kenntniss dieser Beoachtungen vorschlägt, in solchem Boden Brunnen anzulegen, gleichgültig ob das Kessel- oder Röhrenbrunnen sind. Im Geestterrain ist das etwas anderes, wenn man nicht das Pech hat auf Moorlager zu stossen. **Eine gesetzliche, vorbauende Regelung der Wasserfrage,** die ich schon 1887 forderte und begründete, **wird stets eine der wichtigsten Maassnahmen der Hygiene sein.**

Im engsten Zusammenhange mit der Wasserentnahme aus der Elbe steht die Frage der Kanalisation. In anderen Grossstädten wie Frankfurt und Köln waren Bürgermeister, Stadträthe, Techniker und Bürger mit der bequemen Einleitung der Schmutzstoffe in die Flüsse so einverstanden, weil alle Stadtbewohner auf diese Weise sehr billig ihren Unrath los wurden und nur die unterhalb liegenden Orte die Unbequemlichkeiten und eventuellen Gefahren der Flussverunreinigung zu tragen hatten. In Hamburg liegt aber die Sache so, dass in Folge der Fluth die Hamburger selbst den vollen Genuss ihres eigenen Unrathes haben. Hieran ändern weder Sedimentirung noch Selbsreinigung etwas. Unter solchen Umständen wird man wohl mit Recht die Frage aufwerfen müssen, ob bei der nachgewiesenen Unfähigkeit der Elbe, sich ihres Schmutzes im Bereiche der Bewohnung und des Wasserbedarfes zu entledigen, eine derartige Flussverunreinigung durch Einmünden der Siele in die Elbe zu dulden ist; ob Hamburg und Altona zu verbieten ist, ihre Siele noch ferner in die Elbe ausmünden zu lassen; ob diese Städte ihren Kanalinhalt durch Berieselung zu klären haben? Die jetzige Entfernung der Schmutzstoffe mag technisch sehr schön sein und das Stammsiel mag vielleicht, in einer Bootfahrt genossen, zu der Sehenswürdigkeit Hamburgs gehören — der Grad der durch das Siel bewirkten Flussverunreinigung ist auf jeden Fall nicht mehr schön und ein solches Wasser ist für viele sehr nöthige Kulturzwecke nicht geeignet.

Soll die Neuanlage für Wassergewinnung, Wasserentnahme und Centralfiltration, als dauernde Einrichtung dienen, so muss in Hamburg so gut, wie in anderen Städten, nachgewiesen sein, dass das entnommene Wasser durch Selbstreinigung von den verdächtigen Stoffen befreit ist. Es ist jedoch nachgewiesen, dass bei der derzeitigen Art der Entfernung der Abfallstoffe durch Einleiten der Kanäle in die Elbe und in Folge des Rückstaues durch die Fluth eine ausreichende Selbstreinigung nicht eintritt. Bei den praktischen Grenzen, die jeder Centralfiltration gezogen sind, kann diese aber nur den Gefahren eines offenen Wassers unter nicht erschwerenden Bedingungen, aber nicht sicher den Gefahren eines offenen, ganz besonders verdächtigen Wassers entgegen treten. Das Dilemma bleibt zunächt immer bestehen: **Entweder für später ganz anderes Wasser oder Beseitigung der Einleitung des Kanalinhalts in die Elbe.**

Für eine Abhängigkeit der Choleraepidemie von den Grundwasserschwankungen hat sich diesmal kein Anhalt ergeben. Die Schwankungen des Grundwassers waren auf Marsch und Geest in Hamburg und Altona gering und sehr ungleichartig und die Vertheilung der Fälle über Marsch und Geest erfolgte nicht wesentlich nach den ermittelten natürlichen Configurationen der verschiedenen Grundwasserströmungen. Ich berücksichtige dabei schon besonders, dass diese hydrologischen Bezirke sich nicht mit den politischen und Stadtbezirken decken. Auf der Elbinsel Wilhelmsburg, die ganz und gleichmässig aus Marschboden besteht, ergaben sich nur solche bestimmte Localisationen, die sich auf das Elbewasser und nicht auf den Boden oder das Grundwasser bezogen. Irgend welchen Anhalt, dass die den Boden reinigende Kanalisation in Hamburg schlecht functionirt hat, habe ich nicht ermitteln können.

Das einzige bis jetzt nachweisbare locale Moment von wirklicher Bedeutung für das explosive Auftreten der Epidemie war das local vorhandene Wasser.

Die folgenden Daten werden über die sich allmählich ausbildenden Localisationen und Herdbildungen etwas orientiren können.

Die Erkrankungen pro 1000 Bewohner, nach Stadttheilen progressiv geordnet (Fig. 1):

Fig. 1.

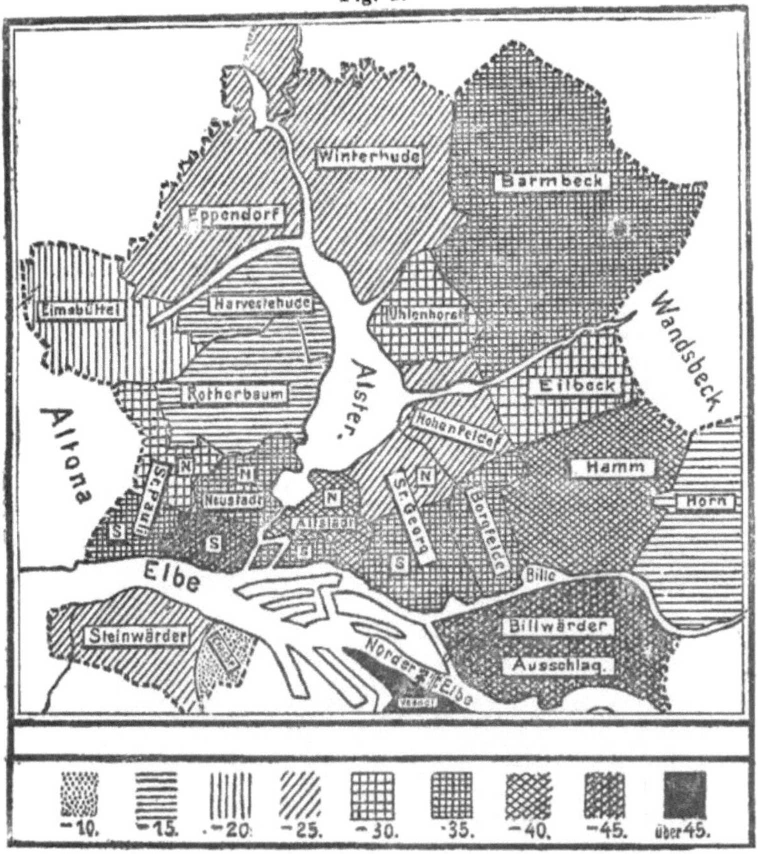


(Die Zahl der Bewohner in Klammern.)

| | | |
|---|---|---|
| Veddel | ( 3 550) | 133 |
| Peute | ( 275) | 125 |
| Neustadt, Südertheil | (44 700) | 45 |
| Billwärder Ausschlag | (25 900) | 42 |
| Altstadt, Nordertheil | (41 600) | 39 |
| Hamm | (13 250) | 36 |
| Barmbeck | (34 300) | 34 |
| Altstadt, Südertheil | (17 100) | 34 |
| Borgfelde | (16 400) | 33 |
| Neustadt, Nordertheil | (52 800) | 33 |
| St. Georg, Südertheil | (46 000) | 32 |
| St. Pauli, Südertheil | (37 000) | 32 |
| Uhlenhorst | (20 000) | 29 |
| Eilbeck | (19 600) | 27 |
| St. Pauli, Nordertheil | (37 400) | 26 |
| Waltershof | ( 200) | 25 |
| St. Georg, Nordertheil | (40 000) | 25 |
| Winterhude | ( 8 500) | 24 |
| Steinwärder | ( 1 000) | 23 |

| | | |
|---|---|---|
| Eppendorf | (14 750) | 23 |
| Hohenfelde | (20 500) | 21 |
| Eimsbüttel | (47 900) | 20 |
| Finkenwärder | ( 3 000) | 15 |
| Moosfleth | ( 1 000) | 14 |
| Horn | ( 4 400) | 14 |
| Rotherbaum | (22 800) | 13 |
| Havestehude | (13 000) | 11 |
| Moorburg | ( 1 800) | 8 |
| Kleine Grasbrook | ( 300) | 7 |
| Ochsenwärder | ( 2 100) | 7 |
| Kirchwärder | ( 3 800) | 7 |
| Grossborstel | ( 1 600) | 4 |
| Billwärder a. d. Bille | ( 2 250) | 3 |
| Marschgebiet div. | ( 3 300) | 2 |
| Geestgebiet div. | ( 7 400) | 1 |
| Bergedorf, Stadt | ( 7 000) | 1 |
| Ritzebüttel, Cuxhaven und Gebiet | ( 8 250) | 0,5 |
| Bergedorf, Landgebiet | ( 7 800) | 0,3. |

Die Sterbefälle pro 1000 Bewohner nach Stadttheilen progressiv geordnet (Fig. 2):

Fig. 2.

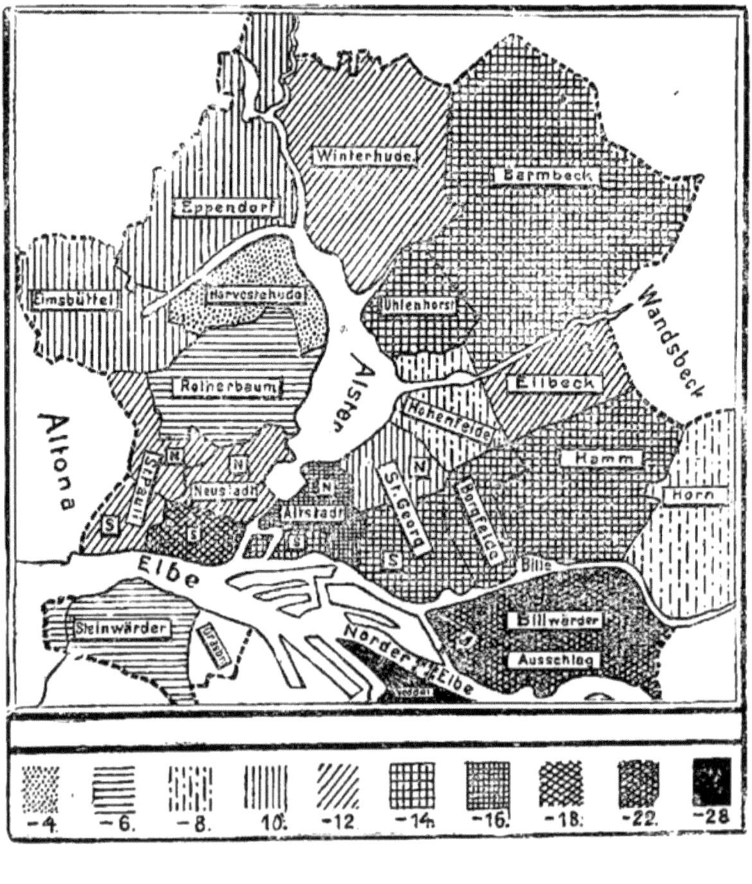

(Der Procentgehalt der Todesfälle zu den Erkrankungen in Klammern.)

| | | |
|---|---|---|
| Veddel | 29 | ( 21,05) |
| Billwärder Ausschlag | 22 | ( 52,4 ) |
| Peute, Kaltenhofe | 19 | ( 15,2 ) |
| Neustadt, Südertheil | 18 | ( 40 ) |
| Altstadt, Nordertheil | 16 | ( 41 ) |
| Borgfelde | 14 | ( 42,4 ) |
| Hamm | 14 | ( 38,8 ) |
| Barmbeck | 14 | ( 41,17) |
| St. Georg, Südertheil | 14 | ( 43,75) |
| Altstadt, Südertheil | 13 | ( 38,24) |
| Uhlenhorst | 13 | ( 44,83) |
| Winterhude | 12 | ( 50 ) |
| St. Pauli, Südertheil | 12 | ( 37,5 ) |
| Neustadt, Nordertheil | 12 | ( 36,36) |
| Eilbeck | 12 | ( 44,4 ) |
| St. Pauli, Nordertheil | 11 | ( 42,31) |
| Finkenwärder | 10 | ( 66,6 ) |
| Eppendorf | 10 | ( 43,48) |
| St. Georg, Nordertheil | 10 | ( 40 ) |
| Eimsbüttel | 9 | ( 45 ) |
| Hohenfelde | 8 | ( 38,1 ) |
| Moorfleth | 7 | ( 50 ) |
| Horn | 7 | ( 50 ) |
| Steinwärder | 6 | ( 26,1 ) |
| Waltershof | 5 | ( 20 ) |
| Rotherbaum | 5 | ( 38,46) |
| Ochsenwärder | 4 | ( 57 ) |
| Harvestehude | 4 | ( 36,36) |
| Moorburg | 3 | ( 37,5 ) |
| Kirchwärder | 2 | ( 28,57) |
| Marschgebiet div. | 1 | ( 50 ) |
| Bergedorf, Stadt | 1 | (100 ) |
| Billwärder a. d. Bille | 0,5 | ( 16,6 ) |
| Ritzebüttel, Cuxhaven und Gebiet | 0,5 | (100 ) |
| Bergedorf, Landgebiet | 0,3 | (100 ) |
| Geestgebiet div. | 0 | ( 0 ) |
| Kleine Grasbrook | 0 | ( 0 ) |
| Grossborstel | 0 | ( 0 ). |

Aus beiden Tabellen ergiebt sich, dass die Mortalität kein richtiges Bild über die Vertheilung der Fälle und über die Localisationen giebt. Aber selbst nach diesem unzuverlässigen Maasstabe gemessen, bleibt die Mortalität von Altona und Wandsbeck weit unter der Mortalität der benachbarten Hamburger Theile und zwar unter der Mortalität der höher und der tiefer gelegenen Theile, so dass also dieser Umstand nichts entscheidet und beweist.

Bei den Localisationen ist Niemand, gleichgültig, ob er den Boden oder das Wasser a priori für das Entscheidende hält, erstaunt, wenn man sieht, dass Veddel, Billwärder Ausschlag, Südtheil der Neustadt am stärksten befallen sind. Anders steht es schon, wenn man die relative Immunität des kleinen Grasbrooks betrachtet oder, was wegen der stärkeren Bewohnung richtiger ist, in Betracht zieht, dass Steinwärder auf Marsch keine stärkere Morbidität als Eppendorf oder Winterhude oder Hohenfelde auf Geest hat, oder dass die Mortalität von Steinwärder auf Marsch nicht höher ist als die von Rotherbaum auf Geest. Die Morbidität des auf Marsch gelegenen Süddtheils von St. Georg ist nicht höher als die Morbidität des z. Th. auf Geest gelegenen Borgfelde und des ganz auf Geest gelegenen Barmbeck. Die Mortalität des auf Marsch gelegenen Südtheils der Altstadt und von St. Georg ist ebenso gross, wie die der Geestbezirke Hamm und Barmbeck.

Die Betheiligung der einzelnen Strassen ist in allen Stadrtheilen sehr verschieden. Wenn man eine Strasse als stark ergriffen bezeichnet, welche 40—50 p. M. Morbidität und 20 bis 25 p. M. Mortalität hät, so findet man solche Strassen auf reinem Marsch, auf Uebergangsgebiet und auf reinem Geest. Auf Marsch z. B. hat der Grosse Bäckergang in S.-Neustadt mit 2178 Bewohnern 102 Erkrankungen und 49 Todesfälle, d. h. 47 p. M. Morbidität und 22 p. M. Mortalität; Brookthorquai in S.-Altstadt hat 258 Bewohner, 44 Erkrankungen und 4 Todesfälle, oder 170 p. M. Morbidität und 16 p. M. Mortalität; Bei den Mühren in S.-Altstadt hat 997 Bewohner, 69 Erkrankungen und 27 Todesfälle, oder 70 p. M. Erkrankungen und 28 p. M. Todesfälle; die Idastrasse in S.-St. Georg hat bei 2328 Bewohnern 118 Erkrankungen und 62 Todesfälle = 51 p. M. Erkrankungen und 27 p. M. Sterblichkeit; die Thalstrasse in S.-St. Pauli hat bei 2196 Bewohnern 91 Erkrankungen und 37 Todesfälle, oder 47 p. M. Morbidität und 17 p. M. Mortalität.

Auf dem Uebergangsgebiet, welches meist schon zum reinen Geest gerechnet wird, hat die Peterstrasse in N.-Neustadt z. B. 2572 Bewohner, 118 Erkrankungen und 42 Todesfälle, oder 46 p. M. Erkrankungen und 16 p. M. Todesfälle; die Steinstrasse in N.-Altstadt hat bei 6164 Bewohnern 306 Erkrankungen und 128 Todesfälle, oder 49 p. M. Erkrankungen und 21 p. M. Mortalität; Grützmachergang in N.-St. Georg hat 1169 Bewohner, 67 Erkrankungen und 24 Todesfälle, oder 58 p. M. Morbidität und 21 p. M. Mortalität.

Auf Geest hat die Strasse An der Bürgerweide in Borgfelde 3696 Bewohner, 149 Erkrankungen und 72 Todesfälle, oder

41 p. M. Erkrankungen und 20 p. M. Todesfälle; Borstelmannsweg in Hamm hat 3486 Bewohner, 224 Erkrankungen und 96 Todesfälle, oder 64 p. M. Erkrankungen und 28 p. M. Mortalität; die Friedrichsbergerstrasse in Barmbeck hat 1534 Bewohner, 123 Erkrankungen, 60 Todesfälle, oder 80 p. M. Morbidität und 39 p. M. Mortalität.

Soche auffallende und zwar sehr hohe Betheiligung von Strassen in den verschiedensten Theilen der Stadt ist mit den Boden- und Grundwasserverhältnissen allein nicht zu erklären, aber sie ist mit Contagion allein noch viel unerklärlicher. Man müsste denn zu der absurden Idee greifen, dass in solchen Strassen die Desinfection auf einer niedrigeren Stufe gestanden habe als in den weniger ergriffenen Strassen derselben Stadt- und Bodenabschnitte. Auch die Höhe der Epidemie in den einzelnen Stadttheilen fällt auf verschiedene Tage innerhalb der ersten 14 Tage der Epidemie: In S.-Altstadt, N.-Neustadt, Steinwärder und auf den Schiffen am 26. August; in S.-Neustadt, S.-St. Georg am 27. August; in N.-Altstadt, N.-St. Pauli, Hamm, Harvestehude am 28. August; in S.-St. Pauli am 29. August; in N.-St. Georg, Uhlenhorst, Barmbeck, Eilbeck, Hohenfelde, Borgfelde, Eimsbüttel am 30. August; in Veddel, Rotherbaum am 31. August; Eppendorf am 1. September; Horn und Billwärder Ausschlag am 2. September; in Winterhude am 3. September. In den einzelnen Stadttheilen zeigen die einzelnen Strassen zu verschiedenen Zeiten die Höhen der Epidemie.

Die grösste Wahrscheinlichkeit ist nach allen derartigen Daten, dass eine allgemeine, vielleicht tagelang vorhandene oder wiederholt eingetretene Infection des Hafen- und von da aus des Leitungswassers zunächst für die allgemeine Ausbreitung der Infection über die ganze Stadt und ihre Vororte sorgte, dass sich nach einer solchen ohne Rücksicht auf die Bodenbeschaffenheit erfolgten Allgemeininfection Herde bildeten, bei denen die socialen Missstände, Zustände der Wohnungen, der Hauswasserreservoirs und des Untergrundes von Einfluss gewesen sein dürften.

Die unmittelbare Contagion tritt gegenüber der secundären Herdbildung zurück, wie sich in den einzelnen gleichartigen Stadttheilen und Strassen aus den besonderen Häufungen, bei gleicher Grösse aus unmittelbarer Uebertragungsmöglichkeit und bei gleichem Stande der socialen Verhältnisse, bei den gleichen Wohnungsübelständen und der gleichen Desinfection ergiebt.

Im Anschlusse an das Wasser darf ich wohl gleich hier ein zeitliches individuelles Moment erwähnen. Die Disposition der Mitteleuropäer, an Cholera zu erkranken, ist nach allen bisherigen Epidemien keine so riesige, wie man sich nach der 1892 überall zu Tage getretenen Cholera-Furcht meist vorzustellen scheint, da kaum 3 pCt. der Bevölkerung wirklich erkrankten, trotzdem die Verhältnisse zur allgemeinen Infection die denkbar günstigsten waren. Unter den Erkrankten sind dabei selbstverständlich auch die leichten Fälle mit gerechnet. Wenn man klinisch alle Uebergänge von den typischen schweren Fällen bis zu den leichtesten, aber zweifellosen Choleradiarrhoeen kennt, so wird man zur Annahme gezwungen, dass bei solcher Verbreitung der Infectionsmöglichkgit die Zahl der Infectionen, die ohne Folgen blieb, eine sehr viel grössere gewesen sein muss. Das ist auch ein praktischer Grund, weshalb ich mich für die neueste Panacee, die Schutzimpfung und die darauf basirte homöopathische Behandlung, bei der Cholera nicht begeistern kann. Es ist etwas viel verlangt, 97 pCt. der Bevölkerung zuzumuthen, sich bei der bisherigen wissenschaftlichen Stellung der Frage und den ganz negativen Resultaten der vielen praktischen Versuche in Spanien durch Ferran impfen zu lassen. Die besser Situirten haben es, wenn sie sonst vernünftig sind, nicht nöthig, und die minder gut situirten Arbeiter sind zu indolent und zu arm, um dieses Risico auf sich zu nehmen. Immerhin gebe ich zu, dass es später vielleicht gelingt die Impfung annehmbarer zu gestalten, aber der neueste Enthusiasmus für Cholera-Schutzimpfungen ist verfrüht.

Disponirend für die Cholera wirken Verdauungsstörungen. Bei der riesigen Hitze im August müssen diese aber sehr häufig gewesen sein. Bei solcher Hitze isst man weniger, trinkt viel und ohne genügende Auswahl, wodurch allein schon die Verdauung leidet. Ist dann das Getränk noch dazu Hamburger Hafen- und Leitungswasser, wie es bei den Arbeitern der Fall war, so muss ein solches Wasser, auch ohne zu inficiren, leicht Verdauungsstörungen herbeiführen können, die dann der folgenden Infection den Boden bereiten, oder es muss die gleichzeitige Infection erleichtern.

Die Hamburger Arbeiter sind im Allgemeinen kräftig; bei gutem Verdienst essen sie bei Weitem besser als die Arbeiter im Binnenlande. In dieser Hinsicht, aber auch in Betreff des

Trinkens ahmen sie in ihrer Weise die Lebensgewohnheiten der besser situirten Kreise in Hamburg nach. Diese Kreise leben in Hamburg für unsere deutschen Begriffe sehr üppig, so dass man Hamburg für ein deutsches Sybaris so gut halten kann, wie man das lustige und gemüthliche Wien für ein „Capua der Geister“ erklärt hat. Wer in Hamburg in guten Zeiten gewesen ist, kann sich einen richtigen Hamburger gar nicht ohne Rothspohn vorstellen und das erste Bedauern, welches ich bei meiner Ankunft von einem meiner früheren Bekannten hörte, war, dass jetzt leider die berühmten Diners bei P. eingestellt seien. Der Arbeiter lebt aber in seinse Weise auch nach dem Hamburger Sprüchworte „de Kehl kost veel!“ und trinkt billiges Bier und Schnaps, und zwar entschieden mehr, als ich das bisher irgendwo anders gesehen habe, und das kostet viel Geld. Diesem Alkohol-Missbrauch kann man in erster Linie nur durch gutes Trinkwasser abhelfen.

Eine solche Auffassung muss sich auch bei den Frauen geltend machen. Dieselben halten sich in ihrer Weise dadurch schadlos, dass sie sich äusserlich putzen. Durch das moderne Fabriksleben zum Theil dem Hause fern gehalten, durch die socialdemokratischen Ideen über Frauenemancipation dem Familienleben und dem Hause noch mehr entfremdet, hat die Frau des Arbeiters in ihrer Häuslichkeit keinen Stützpunkt. Diese Dinge finden sich mit ihren Folgen in allen modernen Städten, aber nirgends habe habe ich dies in so trostloser, krasser Form gesehen wie in Hamburg. In Norddeutschland ist mehr als in Süddeutschland, in Deutschland mehr als in anderen Culturländern auf der Basis unserer gar nicht mehr im eigenen Volksleben wurzelnden Erziehung, die uns in den höheren Bildungsfabriken mehr und mehr unserem Volke entfremdet und internationalen Utopien zutreibt, ein vollständiges Mandarinenthum ausgebildet, wie es in China nicht schlimmer ist. Es ist damit eine Kluft zwischen den anderen Ständen und den sogenannten Arbeitern entstanden, deren Tragweite durch solche gewaltige Naturereignisse, wie es die diesjährige Choleraepidemie war, gelegentlich einmal vor Augen geführt wird.

Da kümmert es den Gebildeten nicht weiter, dass die Arbeiter in Hamburg vielfach schlimmer als Troglodyten wohnen, und er fängt erst dann an, sich darauf zu besinnen, dass dies Menschen und zwar Menschen seines eigenen Stammes und Volkes, seine Mitbürger sind, wenn er sich durch sie bedroht hält, und ihm dadurch das Gefühl der Solidarität der Menschen am eigenen Leibe einmal klar gemacht wird. Sonst hält man es für eine christliche That, wenn die Wohlhabenden und Gesunden in die Hütten der Armen und Kranken steigen um zu lindern und zu helfen. Davon war diesmal aus Furcht wenig zu vermerken. Man glaubte, sich oft in das finsterste Mittelalter versetzt, wo die Aerzte den Pestkranken nur in einem besonderen Mantel und mit einem Essigschwamme vor dem Munde nahten und wo man den armen Kranken aussetzte und verkommen liess. In Hamburg waren es in der ersten Zeit der Kopflosigkeit und Angst fast nur Aerzte, angeworbene oder freiwillig gekommene oder commandirte Krankenpfleger und Pflegerinnen, die zu Hülfe kamen, neben denen die Männer und Frauen, die freiwillig dem Zuge ihres Herzens folgend, zu Hülfe gekommen waren, ganz vereinzelt blieben. Nur die Arbeiter fanden sich, an das Elend ihrer Umgebung gewöhnt, in grösserer Zahl bereit, bei den Krankentransporten und Desinfectionskolonnen zu helfen und das sollte ihnen unvergessen bleiben. Wie wohlthuend hätte es wirken müssen, wenn Frauen der gebildeten Kreise in grösserer Zahl sich der Armen und Kranken durch praktische That in den Hospitälern und in den Wohnungen der Armuth selbst angenommen hätten! Die Furcht vor der Cholera war aber zu gross, was ich durch drastische Beispiele belegen könnte.

Lebt der Hamburger Arbeiter an sich im allgemeinen nicht schlecht, hat die Frau Geld für Tand, so bleibt für die Wohnung wenig übrig und mit der Liebe zum Heim geht auch der Sinn für körperliche Reinlichkeit verloren, und wo dies alles fehlt, ist auch der moralische Schmutz meist nicht fern. Als vor mehreren Jahren die Cholera in Italien herrschte, brachten deutsche Zeitungen, auch die Hamburger!, Berichte über die durch die Pfaffen gross gezogene Unwissenheit der dortigen Bevölkerung, die sich in Sicilien, ähnlich wie in diesem Sommer wieder in Russland, mit Gewalt den Aerzten und den Behörden widersetzte. Im tschechischen Bezirke Pisek, wo der einzige Cholerafall in Böhmen 1892 vorgekommen ist, war es wenigstens nur zu einem passiven Widerstande gegen Aerzte und Behörden gekommen.

Dann wurde über den entsetzlichen Schmutz der Italiener losgelegt, dass man im reinlichen Deutschland ordentlich stolz werden musste. Auf dem internationalen hygienischen Congresse in Wien 1887 hatte sich Mosso sehr entschieden gegen derartige Bemerkungen Gruber's verwahrt. Mit welchem Rechte, das musste jetzt dieselbe Cholera enthüllen. Ich kenne viele italienische Städte, ich kenne das berüchtigte Judenviertel in Prag und eine Reihe grösserer und kleinerer östlicher Städte in Deutschland und Oesterreich, die wegen ihres Schmutzes berühmt sind. Aber etwas schlimmeres als die Arbeiterquartiere im Gängeviertel in Hamburg habe ich bis jetzt nicht kennen gelernt — das sind Zustände, schlimmer wie in Halbasien. Während der Schmutz in Italien durch die historische Entwicklung gewissermassen verklärt ist und individuell künstlerisch gemildert uns entgegentritt, so dass er uns fast mehr interessirt als beleidigt, war es in Hamburg der nackte, hässliche, rohe Schmutz in abstossendster Form. So leben Rembrandt-Deutsche, niedersächsische Germanen 1892!

Da giebt es Arbeit für die Menschenfreunde auf Jahrzehnte! Das wäre ein Feld für die innere Mission, wenn diese sich allgemein menschlich ausleben und von den Schlacken hohler pharisäischer Phrasen und vom einseitigem Confessionalismus befreien könnte! Möchte diese Lehre der Cholera nicht vergessen werden!

Wollte ich die Zustände des Gängeviertels eingehender schildern, so würde ich in den Verdacht kommen, dass ich für das Feuilleton einer Tageszeitung schreibe. Eine solche Fructification des Bodens ist selbst in New-York unbekannt. In der Regel führt ein schmaler Eingang, in dem ein kräftiger Mann oft nicht gerade stehen kann und in dem er seitlich mit den Schultern anstösst, in einen finsteren schmalen Flur. In einem solchen Flur führt eine ganz schmale Treppe, oft leiterartig nach den oberen, immer mehr vernachlässigten Stockwerken. Ebenerdig gelangt man von dem Hausflur in den ersten Hof, der oft so schmal ist, dass man sich aus gegenüber liegenden Fenstern die Hand reichen kann. Dieser erste Hof verengt sich dann wieder zu einem zweiten analogen Hausflur und dies wiederholt sich 3 und 4 mal und noch öfters. Und in diesen Winkeln ohne Luft und Licht wohnen Menschen, Mitteleuropäer, Deutsche, Niedersachsen! Hier wohnen bis zu 60 Familien in einem einzigen Gebäude, wenn man das überhaupt wohnen nennen kann. Es ist der skandalöseste Baustellenwucher, den man sich denken kann. Ich habe sehr viele solcher Wohnungen theils allein, theils mit Desinfectionskolonnen, besucht und mich über die Cholerafälle möglichst genau zu informiren gesucht. In keinem einzigen Falle konnte ich etwas ermitteln, was sicher auf contagiöse Uebertragung der Cholera von dem erst erkrankten Individuum auf die später erkrankten hinwies. Die Wahrscheinlichkeit war immer die, dass alle Erkrankten sich ihre Infection gleichzeitig oder nach einander aus derselben Quelle geholt hatten, oder dass der erst Erkrankte Veranlassung zu einer neuen Herdbildung geworden war, auf die sich die folgenden Erkrankungen bezogen. Es hatte sich um Herdbildungen, aber nicht um Contagion gehandelt.

Unter diesen Umständen war es sehr verständig, wie man dies ja längst vorgeschlagen hat, öfters die ganzen Quartiere zu räumen und auch die Gesunden anderweitig unterzubringen, während die Kranken ins Krankenhaus gebracht wurden.

Neben der Aenderung der Wasserversorgung ist eine **totale Aenderung der Bauordnung** mit scharfen Bestimmungen gegen den Baustellenwucher, mit Demolirung des Gängeviertels eine zwingende Nothwendigkeit und die Sorge für Arbeiterwohnungen ist eine dringende. Für den Mittelstand scheint schon besser gesorgt. Da findet man Schilder an den Häusern, in denen Wohnungen mit 4 Zimmern nebst Zubehör, mit Badezimmer und W. C. angezeigt werden für 400—600 Mark. Ich habe mir solche billige Wohnungen angesehen, aber was man in diese Zimmer stellen soll, wie ein Erwachsener in diese Badewannen sich legen oder in einem solchen Closet Platz finden soll, ist mir oft nicht ganz klar geworden.

**Was geschah nun in Hamburg selbst, um nach Ausbruch der Epidemie die Weiterverbreitung derselben in der Stadt und nach aussen zu verhindern?**

Die Infection setzt sich aus einer Kette ungleichartiger Glieder zusammen, von denen an einem Orte dieses, an einem anderen Orte oder zu einer anderen Zeit jenes praktisch wichtiger ist. Wir bedürfen eines Infectionserregers, des auch von Pettenkofer voll gewürdigten x, um die Krankheit auszulösen. Wir bedürfen auslösbarer innerer Momente, der individuellen Disposition, des Pettenkofer'schen z. Theoretisch sollten eigentlich x und z genügen, aber dies geschieht thatsächlich nur im Experimente, und auch hier nur scheinbar.

Zum Schlusse der Kette bedürfen wir in Wirklichkeit aber

noch eines Gliedes, der gewählten Bedingungen, unter denen die Auslösung der Energie erfolgt; dieses Glied, welches Pettenkofer als y in die Gleichung einsetzt, fasst er jedoch zu eng, wenn er es nur als örtlich-zeitliche Disposition auffasst.

Diese 3 Glieder wurden zu verschiedenen Zeiten und von verschiedenen Schulen verschieden gewerthet. Die Pathologen, unter Virchow's Führung haben z überschätzt, die beiden anderen Grössen unterschätzt: die Pettenkofer'sche Schule hat y zu stark, das x und z zu wenig betont, und die Bakteriologen haben unter Pasteur und Koch das x oft ganz einseitig hervorgehoben. Eine strengere naturwissenschaftliche Untersuchung, wie sie in Kürze von Naegeli und mir gegeben ist, kann sich mit solchen willkürlichen Hervorhebungen nicht begnügen, sondern muss das Problem allgemeiner fassen und dann verschwinden viele der bestehenden Willkürlichkeiten, Missverständnisse und Gegensätze.

Auch bei der Bekämpfung der Infectionskrankheiten kann man an jedes der 3 Hauptglieder erfolgreich herantreten. Ist die Kette an einem Punkte gesprengt, so ist die Infection unmöglich.

Jene praktische Richtung, die von England ausgegangen ist, und später in Parkes und Pettenkofer ihre Führer erhielt, hat unvergleichliches und unvergängliches, oft mit den einfachsten Mitteln erreicht, als sie sich das Studium des y zur Aufgabe machte und an dieser Stelle die Kette zu sprengen suchte. Vor allem hat diese Richtung stets prophylaktisch und rechtzeitig vor den Epidemien gearbeitet und es dadurch bewirkt, dass man den Epidemien mit mehr Ruhe und ohne Furcht überall dort entgegen sehen konnte, wo man nach ihren Rathschlägen gearbeitet, assanirt hatte.

Die Richtung, welche das z in den Vordergrund stellt, hat praktisch bis jetzt nur eine Grossthat zu verzeichnen, die Schutzimpfung gegen die Pocken, der sich neuerdings die Schutzimpfung gegen Rauschbrand als praktisch vollwerthig anzureihen scheint, während die anderen Schutzimpfungen noch Mitten im Stadium des Versuches stehen.

Gleicher praktischer Leistungen, wie die y und z bevorzugenden Richtungen, kann sich bis jetzt die das x in den Vordergrund stellende neue Richtung der Bakteriologie noch nicht rühmen. Aber wie jede aus der Opposition herausgewachsene Richtung und Schule hat sie um so dringender das Bedürfniss, sich zu gleichwerthigen praktischen Leistungen emporzuarbeiten, nachdem sie bis jetzt vorwiegend die Mängel der anderen Richtungen klar gestellt und sie im Einzelnen verbessert hat. In diesen Erscheinungen liegt es wohl, dass diese Richtung bei dem Uebergang in die Praxis oft etwas stürmisch, agitatorisch aufgetreten ist, noch auftritt, und wohl noch öfters auftreten wird, dass sie nach aussen viel geschäftiger erscheint als die älteren Richtungen, die das nicht mehr so nöthig haben.

Wer der Sache ferner steht, hält diese grössere Ruhe oft fälschlich für ein Zeichen der Schwäche, und das geschäftigere Hervortreten der neueren Richtungen für ein Zeichen ihrer grösseren Kraft und unbedingten Ueberlegenheit, und zwar um so leichter, als dieser Kampf leider auch in die Tagespresse hineingezerrt worden ist.

In der Bekämpfung der individuellen Disposition konnte selbstverständlich nicht viel gethan werden. Die Zeit war, wie ich früher erwähnte, für eine Steigerung der Disposition eher günstig. Am schlimmsten war es aber unbedingt, dass sich neuerdings unter dem Einflusse der Bakteriologie der Koch'schen Richtung und äusserlich bestimmt durch die oft geradezu ungeheuerliche, selbst staatlich verkündigte Angstmeierei, eine ganz ungeheuere Cholerafurcht ausgebildet hatte. Wie die Pestkranken und Aussätzigen im finsteren Mittelalter wurden vielfach und nicht nur in Hamburg die Cholerakranken gemieden und alle, die mit ihnen in Berührung gekommen waren.

Die zweifellose Erneuerung der Lehrer durch die Erfahrungen in Hamburg, **dass die Cholera in der Regel keine contagiöse, keine ansteckende Krankheit ist**, wird hoffentlich in Zukunft beruhigend und ernüchternd wirken. Hätte man in dieser supponirten contagiösen Auffassung von Koch die Cholera ganz richtig bekämpfen wollen, so hätte man eigentlich die eine Hälfte der Menschheit zu Schutzleuten machen müssen, um die andere Hälfte zu überwachen. Nur die Kinder wären auszunehmen, da sie schon einen Schutzengel haben.

Ich hoffe, dass das gründliche Fiasco der contagiösen Richtung endlich auch Seitens der Staaten gebührend berücksichtigt wird gegenüber dem Hochdrucke, mit dem jetzt leider unter dem Deckmantel der Bakteriologie in Deutschland für die Verbreitung der Cholerafurcht gearbeitet wurde. Ich komme übrigens später hierauf noch einmal zurück.

Dass die Bekämpfung der Bedingungen, der örtlichzeitlichen Disposition Pettenkofer's in einigen wichtigen Punkten, sicher in dem sehr wichtigen Punkte der Wasserversorgung verunglückt war, habe ich früher erwähnt.

Es bleiben also nur die Maassnahmen übrig, welche gegen das X, gegen die Infectionserreger selbst gerichtet sind. Diese hält Pettenkofer für aussichtslos und steht damit auf dem entgegengesetzten Standpunkte von Koch, der hier allein den Hebel angesetzt wissen will. Die Sache scheint mir sehr einfach zu liegen. Selbstverständlich wird, weil die Bakteriologie stets zu spät kommt, weil Anfangs und besonders bei grossen Sprüngen der Cholera ungeheure Mengen von Infectionskeimen uncontrollirt und undesinficirt zur Ausbreitung gelangen, das Entstehen der ersten Fälle, der Beginn einer Epidemie nie durch die Bekämpfung der erst später fassbaren Infectionserreger verhütet werden. Weniger Koch, sondern vielmehr Virchow hat Berlin diesmal vor der Epidemie geschützt. Ehe ein Fall in Berlin oder anderwärts gefasst werden konnte, hatte ein ungehinderter Verkehr zwischen Hamburg, Berlin und anderen Orten bestanden, der zu keiner Infection führte. Ueber den von Hamburg ausgegangenen und an anderen Orten in Deutschland gefassten Fällen, an die sich angeblich wegen sofortiger Isolirung keine Epidemie anschloss, hat man ganz übersehen, dass der ganz ungehinderte und starke Verkehr mit dem seit April durchseuchten Frankreich ebenso wie der ziemlich schnell controllirte und behinderte Verkehr mit Hamburg und die Massenflucht aus Hamburg zu keinen Infectionen führte. Während man Frankreich ignorirte und auf Hamburg ängstlich sah, schlich die Cholera langsam und trotz aller Maassnahmen sicher von Osten, von Russland über Polen nach Oesterreich und Deutschland, wie auch früher, nur dass sie auf diesem Wege bei uns erst sehr spät im Jahre ankam, als das y sich überall auch ohne Zuthun ganz verändert hatte zu Ungunsten jeder Wasser- und Bodenkrankheit. Gerade gegen ein solches Herankriechen müssten aber die Sperr-, Ueberwachungs- und Desinfectionsmaassregeln viel sicherer wirken, als gegen unberechenbare Sprünge, wie der von Russland oder Frankreich nach Hamburg.

Das vollständige Uebersehen dieser wichtigen Thatsachen, die für jedem mit der Geschichte der Cholera genügend Bekannten nichts überraschendes und besonderes haben, hat entschieden zu einer Ueberschätzung der in Deutschland und Oesterreich getroffenen, auf rein-contagiöser Auffassung der

Cholera aufgebauten Schutzmaassregeln geführt. Andererseits muss man aber auch damit rechnen, dass man nach ausgebrochener oder unmittelbar vor erwarteter Epidemie gar nichts anderes mehr thun kann, als gegen die Einzelfälle sich zu schützen oder gegen dieselben vorzugehen.

Die in dieser Hinsicht wichtige Anzeigepflicht wurde im Ganzen genügend ausgeübt. Dass Anfangs viele leichte Fälle nicht angezeigt wurden, später, als mehr Uebung in der Diagnose und mehr Zeit zum Ausfüllen von Formularen vorhanden war, umgekehrt auch sicher leichte Fälle prompt angezeigt wurden, kommt überall vor. Solche Dinge werden, ebenso wie eine Anzahl unrichtiger Diagnosen, im Grossen aber kaum wesentlichen Einfluss auf die Statistik haben.

Am schlimmsten sah es Anfangs mit dem Kranken- und Leichentransport aus.

Die Kenntniss der Zahl der öffentlichen Transporte in der ersten Zeit wird das Verständniss erleichtern:

| | Kranken-: | Leichentransporte: | Total: |
|---|---|---|---|
| Bis 20. August | 7 | 9 | 16 |
| Am 21. „ | 18 | 6 | 24 |
| 22. „ | 60 | 22 | 82 |
| 23. „ | 118 | 65 | 183 |
| 24. „ | 234 | 54 | 288 |
| 25. „ | 344 | 101 | 445 |
| 26. „ | 442 | 196 | 638 |
| 27. „ | 532 | 274 | 806 |
| 28. „ | 418 | 266 | 684 |
| 29. „ | 441 | 209 | 650 |
| 30. „ | 508 | 268 | 776 |
| 31. „ | 369 | 223 | 592 |
| 1. September | 426 | 184 | 610 |
| 2. „ | 370 | 209 | 579 |
| 3. „ | 325 | 197 | 522 |
| 4. „ | 290 | 158 | 448 |
| 5. „ | 322 | 117 | 439 |
| 6. „ | 224 | 102 | 326 |

Vom 7. September an bleibt die Zahl der Krankentransporte meist unter 200 pro Tag, ging aber erst seit dem 24. September unter 100 herunter; die Zahl der Leichentransporte blieb vom 7. September an unter 100 täglich.

Die Zahl der Krankenwagen, in der Regel viersitzige alte Miethswagen, war Anfangs ungenügend für den so plötzlichen grossen Bedarf — das wäre aber anderswo sicher eben so schlimm gewesen. Viel schlimmer war es für den Krankentransport, dass der Weg auf dem meist miserabelen Pflaster zu den Anfangs allein für die Cholerakranken disponibel gemachten

Staatskrankenanstalten, besonders nach Eppendorf zu weit war. Wenig Kranke vertragen einen weiten Transport so auffallend schlecht, wie gerade Cholerakranke. Das wurde später mit Eröffnung der Nothbaracken wesentlich besser und kann man hierin Hamburg keinerlei Nachlässigkeit nachsagen.

Will man desinficiren, so soll man es auch richtig machen, sonst täuscht man sich und andere ganz über die durch Desinfection erreichbaren Ziele. Die Desinfection der Krankenwagen und der dieselben begleitenden Krankenträger, die nicht einmal einen wasch- und desinficirbaren Anzug hatten, war einfach eine Lächerlichkeit, da sie in einem Befeuchten der Kleider mit Carbolsäure durch eine Giesskanne und oberflächlichem Reinigen der Hände bestand. Dass praktisch nicht mehr erreicht wurde, ist begreiflich und entschuldbar. Aber dass man dies irgendwo ein Recht hat, Desinfection zu nennen, muss ich nach dem, was ich jeden Tag oft gesehen habe, bestreiten.

Bei der enormen Zahl von Leichen, die sich in wenig Tagen einstellte, war es Anfangs unmöglich so schnell die nöthige Anzahl von Särgen zu beschaffen, so dass sich die Leichen in den Krankenhäusern und öffentlichen, zur Identificirung bestimmten Räumen anhäuften. Auch der Transport einer solchen Zahl von Särgen nach dem Friedhofe stiess Anfangs auf grosse Schwierigkeiten. Und doch darf ich behaupten, dass keine Stadt auf diesem Gebiete im Stande gewesen wäre, gleiches zu leisten. In wenig Tagen wurde die Zahl der erforderlichen Särge beschafft und es traten mit Anfang September keine besonderen Schwierigkeiten nach diesen Richtungen mehr auf. Dasselbe gilt vom Leichentransport. Die Leichen wurden in den Krankenhäusern in mit Sublimat getränkte Tücher eingeschlagen und auf eine Lage Torfstreu gelegt, die sich im Sarge befand. Mit Rücksicht auf die mögliche Infiltration des Grundwassers möchte ich entschieden gegen Sublimat sein und würde für Carbol- oder Kresollösungen sein, wenn man sich nicht einfach begnügen will, die Leichen in feuchte Tücher einzuschlagen und mit diesen auf eine Lage Torf oder Häcksel zu legen. Ich halte das für den Transport zum Friedhofe für entschieden ausreichend und im Boden wird die Vernichtung der Kommabacillen durch saprophytische Mikrobien am besten besorgt.

Der Friedhof ist von Eppendorf aus mit Wagen ca. $^3/_4$ Stunden entfernt, vom Hafen aus zu Wagen mindestens $1^1/_2$ Stunden.

Bei solcher Entfernung machen sich Schwierigkeiten des Transportes leicht geltend, wenn an die Zahl der Transporte so ungeheure Anforderungen gestellt werden. Dafür hat der neue Friedhof aber auch den Vortheil einer fast unbegrenzten Ausdehnungsfähigkeit und eines für die Leichenzersetzung geradezu idealen Sandbodens. Es wurden theils Einzelgräber mit 1,50 m Tiefe, theils Familiengräber mit 1,30 m Tiefe, theils Massengräber mit 1 m Tiefe hergestellt. Die Tiefe war demnach eigentlich umgekehrt dem Bedarfe gewählt.

In den Familiengräbern, die gegen 15 m lang waren, wurde eine Reihe Särge untergebracht, die dicht neben einander gestellt wurden. In den Massengräbern, welche ich selbst gesehen habe, die bis zu 80 m lang waren, standen 2 Reihen Särge neben einander und waren in jeder Reihe die einzelnen Särge dicht neben einander, aber nicht übereinander gestellt. Die Desinfection der Leichentransportwagen und der Träger stand auf gleicher Höhe mit den Zuständen beim Krankentransport.

Die Desinfection hat den Zweck der Vernichtung der Infectionserreger. Man wird also von diesem Mittel nur dort Gebrauch machen können, wo Aussicht vorhanden ist, dass man die Krankheitskeime sicher und in geeigneter Form trifft. Während man früher in dieser Hinsicht ganz im Dunkeln herum tappte und deshalb überall und mit kolossaler Material- und Geldverschwendung desinficirte, können wir jetzt Dank der Bakteriologie die Grenzen der Leistungsmöglichkeit einigermaassen bestimmen. Trotzdem wurde in Hamburg und fast überall sonst, wo ich in Deutschland und Oesterreich war, noch genau so unsinnig vorgegangen wie nur je. Dafür wurde aber an Orten, wo eine Desinfection durchführbar war, auch vielfach um so weniger exact vorgegangen. Im Grossen und Ganzen wurde dadurch die **Desinfection, wie sie in Hamburg gehandhabt wurde, zu einem reinen Hohn auf die contagiöse Auffassung der Cholera.** Vielleicht trägt das dazu bei, später die Desinfection sachlicher zu beschränken, dadurch leistungsfähiger zu machen und damit Material und Geld zu sparen für wichtigere Gelegenheiten.

Wir wissen nicht, wie viel Keime zur Cholerainfection in minimo nöthig sind, aber wir können nach den Thierversuchen und nach Analogie annehmen, dass ceteris paribus die Gefahr der Infectionsmöglichkeit mit der Zahl der Keime wächst. Wir haben deshalb die Pflicht, so viel Keime zu vernichten, wie wir praktisch können.

Wir können aber die Keime nur sicher erreichen, so so lange sie noch in unmittelbarer Nähe des Kranken, in seinen Dejectionen, dem Erbrochenen, der von ihm beschmutzten Wäsche sind. Ist hier der Anschluss versäumt, so wird die Desinfection unsachlich und unbrauchbar und vielfach auch deshalb überflüssig, weil die Cholerabakterien ausserhalb, nach Gruber sogar sehr schnell, ihre Virulenz verlieren.

Beschränkt man so die Aufgabe der Desinfection auf ein erreichbares Ziel, so lässt sich praktich etwas erreichen und der noch in voller Blüthe stehende, sich mit Unrecht auf die Bakteriologie berufende Desinfections-Unfug kann endlich beseitigt werden. Ist man sich in dieser Weise als ehrlicher Naturforscher klar über die wirklichen Grenzen der Leistungen der Desinfection, so muss man bald einsehen, dass in diesem Jahre doch noch ganz andere Dinge neben den ergriffenen Schutzmaassregeln und neben der Desinfection mit im Spiele gewesen sein müssen, wenn sich an die von Hamburg verschleppten Fälle nirgends in Deutschland eine Epidemie von Cholera anschloss.

Auf die Desinfection im Krankenhause komme ich später zu sprechen. Ich will jetzt nur kurz die Einrichtungen in der Stadt anführen. In den Turnhallen der öffentlichen Schulen waren vollständige Desinfections-Anstalten improvisirt worden, die meist viel besser waren als die Vorkehrungen in der Musteranstalt des neuen allgemeinen Krankenhauses. Die Betten, Wäsche und Kleidungsstücke wurden vielfach privatim und dann meist ohne irgend welche Vorsicht dorthin geschafft, während die Desinfectionskolonnen diese Objecte in grosse Beutel steckten, die aussen mit Carbolwasser besprengt wurden; von einem wirklichen richtigen Transporte war wohl kaum irgendwo die Rede; ich selbst habe wenigstens nichts davon zu sehen bekommen. An Ort und Stelle wurde ein Theil der Objecte in Fässer mit Lysollösung getaucht, in der die Sachen einige Stunden blieben, während andere mit Dampf sterilisirt wurden. Das letztere geschah so, dass man grosse Braubottiche einen Fuss über dem Boden mit einem Holzroste versehen hatte, auf welchen die Sachen zu liegen kamen. War der Bottich gefüllt, so wurde er mit einem Holzdeckel verschlossen, der noch mit Decken gedichtet wurde. Dann liess man von einer Locomobile durch ein am Boden eingeführtes Schlangenrohr Dampf einströmen, der die Objecte von unten nach oben durchdrang. Beide Arbeitsweisen sind der Cholera gegenüber ausreichend und diese improvisirten Dampfapparate arbeiteten wirklich recht befriedigend.

Die Desinfectionskolonnen richteten sich in den Häusern nach der Lage. Die von den Kranken unmittelbar benutzten Bett- und Wäschestücke wurden in Beutel gepackt und nach den Turnhallen gebracht. Im Zimmer wurde mit Hülfe von Seife, Carbol-Seifenlösung, Carbolwasser oder Lysol eine gründliche Reinigung der Fussböden und Möbel vorgenommen, die meist viel gewissenhafter war als die Reinigung durch Dienstmädchen. Dass auch Bilder, Spiegel, kurz jedes fassbare Object der Behandlung mit Carbol unterzogen wurden, lag in der Instruction der Leute. Diese Desinfection lässt sich viel einfacher gestalten, als sie meist geübt wurde, da auch hier nur die nächste Umgebung der früheren Kranken oder Gestorbenen, also Bett, Stuhl, Fussboden zu desinficiren sind.

Weshalb man in Hamburg das wirksamste Mittel für die grobe Desinfection, das Solutol (alkalisches Kresol), speciell das Roh-Solutol, nicht neben Lysol verwendete und die viel weniger brauchbare Carbolsäure noch so stark bevorzugte, ist mir nicht recht klar geworden. Ebenso wenig verstehe ich es allerdings, weshalb auch die von Berlin ausgegangenen Desinfectionsvorschriften die Fortschritte in der Desinfectionslehre so wenig beachtet haben.

Mit Rücksicht auf die besonders häufige Verschleppung der Cholera durch Schiffer, vielleicht auch durch das Bilgewasser der Schiffe erscheint eine strenge Ueberwachung des Schiffsverkehrs dringend geboten. Wenn sich diese Controlle im Rahmen einer vernüftigen Inspection bewegt und nicht in Form unsinniger Quaratänen gehandhabt wird, so kann sie sicher zur Isolirung vieler Einzelfälle führen. Dieser Ueberwachungsdienst kam im Hamburger Hafen etwas spät in Gang, wurde dann aber mit grossem Eifer und leidlichem Erfolge durchgeführt. Nicht ebenso günstig lautet das Urtheil über die Thätigkeit der Desinfectionskolonnen, welche in Thätigkeit zu treten hatten, wenn an Bord eines Schiffes ein Cholerakranker oder Todter ermittelt worden war. Es wurde in bestimmtester Weise und wiederholt angegeben, dass seitens einiger Desinfectionskolonnen das Bettstroh, welches verbrannt werden sollte, in die Elbe geschüttet wurde. Eine Aufklärung über diese Angaben ist bis jetzt nicht erfolgt.

**Die ausserhalb Hamburgs getroffenen und speciell gegen Hamburg gerichteten Maassnahmen** waren in Deutschland und Oesterreich streng vom Standpunkte der contagiösen Auffassung getroffen. Ehe die Cholera den unerwarteten Sprung nach Hamburg gemacht hatte, war man nirgends als an der russischen Grenze auf den Einbruch wirklich ganz vorbereitet. In Preussen speciell hatte man sich auf die Ueberwachung der Transporte der Russischen Auswanderer ausreichend eingerichtet und es scheint ja auch nur in einem Falle in Landsberg zu einer von Hamburg ganz unabhängigen, direct auf Russland hindeutenden früheren Herdbildung gekommen zu sein. Erst viel später, als die Gefahr von Hamburg fast ganz vorbei war, kamen die nachgewiesenen Einschleppungen, besonders im Weichselgebiete öfters vor und zu dieser späten Zeit erfolgte auch trotz aller Vorsicht die Einschleppung nach Oesterreich von Polen aus. Dass man zu jener Zeit, als Hamburg so plötzlich überfallen wurde, sich auf die Invasion noch gar nicht recht eingerichtet hatte, geht auch aus jener Bemerkung Virchow's hervor, nach der er Deutschland von den inficirten Theilen Russlands durch einen cholerafreien breiten Streifen getrennt hielt. Als diese Mittheilung Virchow's durch die Presse ging, war ich bereits durch Herrn Bujwid im Besitze von Culturen aus Cholerafällen aus diesem freien Streifen, die ich gebeten worden war mit den Hamburger Culturen zu vergleichen.

In der Annahme, dass die Cholera noch fern von Deutschland im Osten und nur dort sei, hatte man sich in Preussen noch gar nicht so ernst auf die Sache vorbereitet und doch war die Gefahr hier viel näher als man meinte und doch kam es von hier aus zunächst noch zu keiner ernstlichen Epidemie. Noch auffallender war das Verhalten gegenüber Frankreich. In Frankreich war in Paris und dessen Bannkreise seit April zweiffellos Cholera, die an einigen Orten sogar sehr heftig aufgetreten war. In Frankreich war diese den Behörden bekannte Thatsache einfach verheimlicht worden unter der falschen Vorgabe, dass es sich um die gewönliche sommerliche Cholerine handele. Wenn man bedenkt, dass auf allen internationalen hygienischen und den speciellen Cholera-Congressen gerade die Vertreter Frankreichs gegenüber der Einschleppung der Cholera am Mittelmeere auch die Vertreter der schärfsten Tonart waren und sind, dass gerade diese Herren stets am schärfsten gegen die englische Auffassung losgezogen sind und losziehen, so ist es geradezu unbegreiflich, dass man in Frankreich das Bestehen der Cholera einfach verheimlicht hat. In Folge dessen war der sehr lebhafte Verkehr von Deutschland mit dem durchseuchten Paris ein ganz ungehinderter und doch kam es nirgends zu einer nachgewiesenen Einschleppung eines Falles, nirgends zu einer Epidemie. Keine Abwehr, keine Ueberwachung, keine Desinfection, keine Furcht und trotzdem keine Cholera! Dies alles allerdings auch trotzdem localistisch gedacht in Folge der grosse Trockenheit und Hitze dieses Sommers die Bodenverhältnisse eigentlich der Ausbreitung der beobachtet oder unvermerkt eingeschleppten Cholera an vielen Orten günstig hätten sein müssen.

Kaum war aber die Cholera unvermuthet, mit Ueberspringen aller Zwischwischenorte in Hamburg ausgebrochen, so wurde in Deutschland und Oesterreich an den Grenzen eine peinliche Ueberwachung eingeführt, die ihre Spitze ganz vorwiegend gegen Hamburg kehrte, die russische Grenze nur mässig berührte und die französischen Proveninzen ganz unbeachtet liess. Die Absperrung einzelner Orte gegen Hamburg wurde so weit getrieben, dass Krähwinkel und ähnliche bekannte Orte ihren Rang und Ruhm von jetzt ab andern Städten und Dörfern überlassen müssen. Jeder aus Hamburg kommende Reisende wurde fast wie ein Verbrecher überwacht, an einzelnen Orten in Qarantäne gehalten, oft in unsinniger Weise desinficirt. Nur England schützte sich in der einfachen Form der Ueberwachung und der Isolirung der wirklichen Cholerakranken und hatte ebensowenig eine Epidemie wie Deutschland an anderen Orten. Man wird deshalb wohl den Werth der gegen die Cholera getroffenen Maassregeln etwas weniger günstig beurtheilen und die natürlichen Factoren, die in der Natur der Cholera und ihrer Erreger selbst liegen, mehr beachten müssen.

Jeder wirkliche Cholerakranke und jeder Choleraverdächtige soll bei Land- und Wasserreisen isolirt werden — dass kann aber ohne starke Belästigungen des Verkehrs geschehen. Eine Qnarantänirung aller Reisenden aus inficirten Orten, wie sie vielfach angestrebt wurde, ist ein Unfug uud vollständig werthlos. Die Bahnverwaltungen sollten die Closets der Bahnwagen mit zweckentsprechenden Einrichtungen, auswechselbaren, mit Torfstreu versehenen Kübeln versehen, damit die Dejectionen etwaiger Kranker nicht auf die Geleise verspritzt werden können. Das mit viel Zeitverlust verknüpfte Ueberhören aller Reisenden an den Bahnhöfen, wie es in Berlin z. B. am Lehrter Bahnhof geübt wurde, ist ohne Zwang der Legitimation zwecklos und mit diesem Zwang eine ganz undurchführbare Belästigung des Verkehrs, die kaum in Russland denkbar erscheint. Einzelne zwischen den Hauptorten gelegene Bahnstationen leisteten sich noch ganz besondere Maassnahmen; das Unsinnigste darin wurde in Wittenberge zu Tage gefördert, wo ein Desinfector mit einem Chlorkalk und Carbolwasser enthaltenden Kübel und einem Pinsel herumlief, um die von Hamburg kommenden Reisenden und selbst die durchgehenden Wagen anzustreichen. Ob sich Jemand diesen Unsinn gefallen liess, weiss ich nicht.

Bei der ersten Ueberstürzung nach Bekanntwerden des Choleraausbruches in Hamburg kamen die wunderlichsten Desinfectionen vor. In einer preussischen Grenzstation in Schlesien wurden die Reisenden geräuchert, ein Verfahren, welches aber auch sonst noch Anhänger hat; ihre Kleider wurden mit Chlorkalk bespritzt! Fast an allen Grenzstationen wurden anfangs bunt durcheinander alle Utensilien der Reisenden in dieser Weise oder mit Dampf desinficirt und — vernichtet. Dann wäre Verbrennen doch viel richtiger und sicherer.

In erfreulicher Weise wurde hiergegen später von der preussischen und österreichischen Regierung eingeschritten, so dass ich bei meiner Rückkehr schon überall ein vernünftiges Maass der Desinfection vorfand.

Jede Desinfection der Reisenden durch Räucherungen, Besprengen mit Carbolwasser oder gar Chlorkalk hat zu entfallen. Nur die mit Auswurfstoffen des menschlichen Körpers besudelte Leib- und Bettwäsche ist zu desinficiren. Das ist durchführbar, genügt und kann ohne Störung des Verkehrs durchgeführt werden, wenn an den betreffenden Durchgangs- und Grenzstationen die nöthige Zeit gegönnt wird oder Vorkehrungen zum sicheren Nachschicken der Sachen getroffen werden, was durch Verantwortlichmachen der Organe geschehen kann. Wissen die Reisenden, dass in dieser vernünftigen Weise vorgegangen wird, so können sie sich darauf einrichten. Besonders bei dem Bäderverkehr kann ein solches Vorgehen sogar nützlich wirken. Es giebt sehr viele Leute, die ihre Zugehörigkeit zu den besseren Kreisen der Menschheit auch dadurch zu beweisen suchen, dass sie die schmutzige

Wäsche möglichst lange in diesem Zustande erhalten und alle gebrauchte Wäsche aus den Bädern oder Sommerfrischen mit nach Hause nehmen. Die Desinfectionen an den Grenzen haben nun nach dieser Hinsicht zweifellos erziehend gewirkt und waren dadurch indirect von Vortheil, dass sich die Reisenden allmählich gewöhnten, weniger mit schmutziger Wäsche zu reisen.

Die Ueberwachung des Flussverkehrs hat sich in derselben Weise auf die Isolirung der Kranken und die Desinfection ihrer Utensilien zu erstrecken. Doch kann hier die Desinfection des Bilgewassers der Schiffe mit Kalkmilch ohne Belästigung des Verkehrs sehr gut hinzugefügt werden.

Der Grund, weshalb in Oesterreich Hunde und Katzen aus infectionsverdächtigen Gegenden durch Erschiessen desinficirt werden sollten, ist nicht nur mir unerfindlich geblieben. Das österreichische Ministerium hat später auch diesen Unfug abgestellt.

Am sonderbarsten war die Desinfection der Waaren, so dass wichtige Zweige des Handels ohne jeden wirklichen Grund ganz gelähmt wurden. Ich kenne Fälle, in denen in Säcke verpackter Reis und Körnerfrüchte durch Besprengungen mit Carbolwasser ungeniessbar oder sogar durch Dampfdesinfection in Brei verwandelt wurden. Nicht nur Hadern und beschmutzte leere Säcke wurden vom Transport ausgeschlossen oder desinficirt, sondern selbst solche Rohproducte, die fabrikmässig eine gründliche Reinigung durchgemacht haben mussten, wie Wolle, Seidenwaaren, Baumwolle und Juteartikel. Der Verkehr mit Gemüsen und Obst, Caviar etc. wurde fast aufgehoben, trotzdem wir wissen, dass diese Körper im rohen Zustande zum Erhalten von Cholerabakterien ganz ungeeignet sind und erst durch das Kochen für dieselben geeignet werden.

In allen diesen Punkten bedürfen die im Jahre 1892 getroffenen Bestimmungen einer gründlichen Revision und Einschränkung [1]).

---

1) Die während der Correctur erschienene, vom Gesundheitsamte in Berlin herausgegebene „Amtliche Denkschrift über die Choleraepidemie 1892" spricht sich rückhaltslos gegen die gerade von Berlin ausgegangene, von Koch bakteriologisch motivirte übertriebene Belästigung des Verkehrs aus und steht fast überall, unter Zurückweisung des manchesterlichen Standpunktes, auf der milderen, aber mehr leistenden Auffassung, die ich den angeblich bakteriologisch begründeten Uebertreibungen gegenüber schon vor Jahren gefordert habe. Man scheint demnach in erfreulicher Weise jetzt endlich wieder neben der Bakteriologie auch der epidemiologischen Erfahrung grösseren Werth beizumessen.

Sollen aber diese Maassnahmen bei Drohen oder Herrschen der Cholera durchgeführt werden, so müssen auch die Sanitätsorgane dazu in den Stand gesetzt werden. In Preussen sind für Militärärzte und Sanitätsbeamte längst kürzere Cholera- und Uebungscurse eingeführt. Meine darauf gerichteten Bemühungen in Oesterreich sind bisher gescheitert; erhielt ich doch sogar, als ich vor der Cholera einen solchen Cursus ohne persönliche Entschädigung geben wollte, die Antwort, dass erst Mittel gegen eine Epidemie disponibel gemacht werden könnten, wenn die Cholera im Lande sei. Hoffentlich denkt man in Folge der Cholera in Zukunft anders und giebt den Sanitätsbeamten rechtzeitig vor den Epidemien die nöthigen Belehrungen über Nachweis der Infection und über Desinfection. Wichtig scheint es mir auch, dass ähnlich, wie sich bei dem Militär in Preussen am Sitze des General-Commandos ein kleines hygienisch-bakteriologisches Laboratorium befindet, so auch bei den Sitzen der Civilbehörden, Oberpräsidien, Regierungspräsidien, Statthaltereien, wichtigen Grenzstationen geeignete Sanitätsbeamte mit den nöthigen Instrumenten und Räumen ausgerüstet werden. In Deutschland hat diesmal das *Militär* unter dem für die Hygiene so verdienten Generalstabsarzt v. *Coler* noch *überall aushelfen müssen. Ohne diese Hülfe wäre auch nicht eine der im Verlaufe der Epidemie durchgeführten Maassnahmen wirklich glatt zur Durchführung gekommen.*

Die in Oesterreich geplante Einführung von *Sanitäts-Inspectoren* neben den bisher bestehenden Sanitätsbeamten, — Bezirksärzte bez. Kreisphysiker, Statthalterei- bez. Regierungsmedicinalräthe — könnte bei der Bekämpfung der Epidemien von grossem Werthe werden, wenn es gelingt, diesen Beamten einen wesentlich praktischen Wirkungskreis mit Initiative zu schaffen und wenn man sie nicht zu „grossen Papierherren" macht, wie unsere schwarzen Landsleute in Ostafrika die deutschen Beamten vom grünen Tische so klassisch nennen. Man darf dies für Oesterreich vielleicht erhoffen, nachdem ein Ministerialerlass für die Cholera zunächst, aber doch überhaupt einmal unzweideutig, die Sachlichkeit über die bureaukratische Schablone gestellt hat. Vielleicht entschliesst man sich der Sachlichkeit damit überhaupt einmal näher zu treten in einer von mir längst **auf der Basis der Hygiene geforderten Reform des continentalen Sanitätswesens.**

Auch die Leistungsfähigkeit des geplanten *Reichs-Seu-*

chengesetzes in Deutschland wird wesentlich davon abhängen, dass man bei der Reform von den unteren Instanzen, den Bezirksärzten oder Kreisphysikern ausgeht, die pecuniär so gestellt werden müssen, dass sie sich ganz ihrem Dienste ohne Nebenrücksichten widmen können, und denen die erforderliche Initiative zu geben ist. Während einzelne Bundesstaaten, wie Bayern, Baden, Sachsen, Württemberg, Hessen hierin schon recht weit sind, ist man in Preussen darin noch vollständig zurück. Solche grosse Ungleichmässigkeiten müssen der gleichwerthigen Durchführung übergeordneter Reichs-Gesetze schwere Hindernisse bereiten, da diese stets functioniren müssen und nicht auf seltene Ausnahmefälle beschränkt werden können. Nur bei stetem Arbeiten kann es vermieden werden, dass Epidemien zur Durchführung diplomatischer und politischer Gesundheitspflege missbraucht werden, dass Seuchengesetze zu schädlichen Ausnahmegesetzen werden, und es kann dann erreicht werden, dass sie zu einer öffentlichen Wohlfahrtseinrichtung sich gestalten.

# II. Die Krankenanstalten, Experimente mit Cholerabakterien und die Choleratherapie.

Von

**Ferdinand Hueppe.**

Bei dem Ausbruche einer Epidemie ist der Zustand der Krankenhäuser und das Vorhandensein einer genügenden Zahl von Isolir-Räumlichkeiten von solcher Bedeutung, dass ich genöthigt bin, diese Anstalten kurz zu skizziren. Seit 1887 ist das Krankenhauswesen Hamburgs in ein neues Stadium getreten dadurch, dass im Sommer dieses Jahres schon ein Theil des neuen Krankenhauses in Eppendorf belegt wurde. Von da an tritt dieses neue Krankenhaus immer mehr beherrschend in den Vordergrund. Bis dahin war das alte, mitten in der Stadt in stark bewohnter Gegend gelegene alte Krankenhaus das medicinische Centrum gewesen. Neben diesem kommt noch das Seemanskrankenhaus in Betracht. Diese 3 Anstalten bilden die Staats-Krankenanstalten und stehen dem Namen nach unter Oberleitung des Directors des neuen allgemeinen Krankenhauses, der formell Director der Hamburgischen Staatskrankenanstalten ist. Diese 3 Anstalten liegen sämmtlich so ungeheuer auseinander, dass der Oberarzt des Seemannskrankenhauses de facto schon früher, als daneben nur das alte allgemeine Krankenhaus bestand, eine viel selbstständigere, directorialähnliche Stellung hatte. Aehnlich ist auch der Hausarzt des alten Krankenhauses jetzt etwas selbstständiger gestellt, seit der Director der gesammten Staatskrankenanstalten als Specialdirector und als Oberarzt des neuen allgemeinen Krankenhauses in Eppendorf selbst wohnen muss. In der für die ganzen Hamburgischen Zustände so charakteristischen Weise liegt die Verwaltung der Anstalten jedoch in den Händen des Directors und einer Deputation. Wer an einfache, klare Verhältnisse gewöhnt ist, wird solche Zustände kaum begreifen können. Aber auch diese grossen organisatorischen Mängel sind schon länger bekannt und wurden nur, wie so viele andere Mängel, nicht genügend beachtet.

So lange nur das alte Kranhenhaus bestand, lagen die Verhältnisse viel einfacher und so lange war es möglich, dass der in der Stadt selbst wohnende Director dieses Krankenhauses zugleich Oberarzt und consultirender Arzt in der Stadt sein konnte. Mit Errichtung des neuen allgemeinen Krankenhauses war für jeden Einsichtigen dieser Zustand unhaltbar geworden. Gerade weil ich selbst, wie so viele andere fremde Aerzte, mit der derzeitigen Direction Differenzen hatte, halte ich mich doppelt für verpflichtet, jedes persönliche Moment zu vermeiden und ausdrücklich hervorzuheben, dass bei einer solchen unglücklichen Organisation auch jeder andere Director in schwierigster Lage war, die vieles entschuldigt. Ich selbst habe schon 1888, als doch gewiss Niemand auch nur an Herrn Rumpf als künftigen Director dachte, bei der Jahresversammlung des deutschen Vereins für öffentliche Gesundheitspflege in Frankfurt dem Oberingenieur von Hamburg, Herrn Andreas Meyer, bestimmt gesagt, dass mit Schaffung des neuen Krankenhauses die Organisation geändert werden müsste. Professor Kast, der Vorgänger von Herrn Rumpf, hat nach etwa zweijähriger Leitung aus dieser seiner Erfahrung heraus ausdrücklich wiederholt erklärt, dass es in der jetzigen Weise auf die Dauer nicht gehen könne. Die Gründe sind auch so einfach und durchsichtig, dass sie wohl allein gegen jeden Verdacht persönlicher Stellungnahme schützen.

Das neue allgemeine Krankenhaus ist als hygienische Musteranstalt gedacht. Eine solche Anstalt, aber überhaupt jedes moderne Krankenhaus von ähnlicher Grösse, erfordert einen Leiter, der mit der modernen Hygiene und der speciellen Krankenhaushygiene durch gründliche Studien vertraut und in der Verwaltung nicht unerfahren ist und der nur diese Leitung auszuüben hat. Die Entwicklung des Hamburgischen Krankenhauswesens hat es aber mit sich gebracht, dass der Leiter des Krankenhauses zugleich Oberarzt einer Abtheilung und nicht in letzter Linie consultirender Arzt für die Stadt ist, d. h. dass er in erster Linie praktischer Arzt oder Kliniker sein muss. Das ging alles, so lange die Directorialgeschäfte kleiner, die besonderen hygienischen Anforderungen bei dem alten Bau geringer und in Folge der Lage der alten Anstalt in der Stadt die Zeitversäumniss eine bedeutend geringere war. Jetzt sind die Directorialgeschäfte bedeutend grösser, die hygienischen Anforderungen an den Director sehr gesteigert und die Entfernungen so gross, dass allen modernen Anforderungen nur entsprochen werden kann, wenn der Leiter sich ausschliesslich seinem Krankenhause widmet und wenn ihm jede ärztliche Praxis untersagt ist. Ueberall, mit Ausnahme von Hamburg, ist dies aus der Erfahrung heraus längst bei den grossen Krankenhäusern eingeführt.

Hat sich seit Eröffnung des neuen Krankenhauses die in ganz anderen Verhältnissen ausgebildete Organisation als unzureichend erwiesen, so musste sich das bei einer Epidemie noch mehr zeigen. Wenn bei einer Epidemie von der Grösse der Choleraepidemie in Hamburg der Director der Staatskrankenanstalten zugleich Oberarzt einer Abtheilung ist und sich wirklich mit der Behandlung von Kranken beschäftigt, so ist das ungefähr so, als wenn während einer Schlacht der Feldherr zugleich dauernd ein Regiment führen wollte.

In dieser unnatürlichen Stellung liegt es ja ohne Weiteres, dass eine auf eigener wirklicher Kenntniss der Einzeldinge aufgebaute Erfahrung während der Epidemie unmöglich ist, dass dadurch persönliche Motive gelegentlich an Stelle sachlicher Erwägungen treten müssen. Nach meiner Ansicht gehört **eine gründliche Reform der Krankenhaus - Organisation zu den allerdringendsten Maassnahmen,** die sich aus den Erfahrungen der Choleraepidemie ergeben.

An die Spitze gehört als Director ein wirklicher Fachmann mit ganz besonderer hygienischer Schulung und mit Verwaltungskenntnissen. Die geeignetsten Persönlichkeiten dürften sich am leichtesten unter den jungen, hygienisch geschulten Sanitätsofficieren oder jungen Medicinalbeamten finden. Der Director hat keinerlei Praxis auszuüben, da er mit seinem Amte ausreichend beschäftigt ist. Doch könnte ihm zu seiner eigenen praktischen Schulung eine Abtheilung für Infectionskranke zur Disposition gestellt werden, da es misslich ist, wenn der Leiter die persönliche Weiterbildung in den ärztlichen Erfahrungen versäumt. Aber während einer Epidemie ist er der Director — und das genügt. Ebenso ist es wünschenswerth, dass er sich mit den hygienisch-epidemiologischen Erfahrungen auch durch Laboratoriumsthätigkeit auf dem Laufenden erhält. Solche Dinge lassen sich leicht regeln, wenn der gute Wille vorhanden ist. Der Director hat Initiative und volle Verantwortlichkeit gegenüber dem Senate und die Deputation oder Commission hört in der bisherigen Weise auf.

Unter dem ärztlichen Director hätte ein Verwaltungs- und ein Oekonomie-Inspector zu stehen. Der ärztliche Dienst wird von Oberärzten versehen, denen auch ärztliche Praxis zu gestatten ist und die die berufenen consultirenden Aerzte der Stadt sind. Die Prosectur ist in einer den modernen Verhältnissen entsprechenden Weise zu erweitern oder zu ergänzen.

Diese unmaassgeblichen Vorschläge für eine Reform sind auf die thatsächlichen Verhältnisse und Bedürfnisse von Hamburg basirt. Andererseits hat man in Deutschland vielfach zweispitzige Verwaltungen mit einem ärztlichen und einem Verwaltungs-Director. Bisweilen sind diese Zustände praktisch haltbar, wenn zwei geeignete Persönlichkeiten zu haben sind, die nach dem Beispiele von Orest und Pylades wirklich ganz ineinander aufgehen. In der Regel wird die eine Seite das Uebergewicht haben und damit fällt die Sache schon in sich zusammen. Es giebt sogar Krankenhänser mit einer dreispitzigen Verwaltung, einem Verwaltungsdirector, einem Director für die inneren, einem für die äusseren Kranken. Derartige Einrichtungen sind noch ein altes Anhängsel von dem unglücklichen, seit dem Mittelalter den Deutschen anhaftenden Fluche des Zurückdrängens der Fachleute zu Gunsten der juristisch geschulten Formmenschen, die den Mangel des Fachwissens durch Routine zu decken vermeinen. So hervorragende Verwaltungsbeamte, wie früher Esse an der Charité, jetzt Merke in Moabit, können die Regel nicht über den Haufen werfen. An die Spitze gehört überall ein wirklicher Fachmann, dem die nöthigen Hilfskräfte zur Seite zu stellen und unterzuordnen sind, und nicht ein einseitig juristisch geschulter Beamter, dem der Fachmann untergeordnet ist. Das ist wenigstens der einzige Zustand, bei dem wir das alte Michelthum allmählich los werden und uns aus unseren eigenen, neuen, modernen Bedürfnissen heraus auswachsen und zu gesunden Zuständen hindurch arbeiten können.

Weil dieser Vorschlag so einfach, natürlich-selbstverständlich und sachlich ist, wird er wahrscheinlich bei unseren Eigenthümlichkeiten wenig Aussicht auf Verwirklichung haben. Die alten Verwaltungs-Schablonen mit ihrer einseitigen Bevorzugung der juristischen Routine haben sich genau so gut überlebt wie die alten politischen Parteien, die sich mit den grossen socialen Aufgaben noch nicht abzufinden vermochten. Ich lebe aber der festen Zuversicht, dass wir uns allmählich des Gängelbandes entwöhnen und in Zukunft die Sachlichkeit überall und stets in den Vordergrund stellen werden und nicht mehr, wie es bisher meist üblich war, erst auf „Krieg, Pestilenz und theure Zeit" warten, um an die Sachlichkeit erinnert zu werden.

Als die Cholera plötzlich mit solcher Intensität über Hamburg hereinbrach, reichten die wenigen ständig vorgesehenen Baracken für Infectionskrankheiten hinter dem neuen allgemeinen Krankenhause in Eppendorf nicht aus. Es wurden deshalb sowohl das neue als das alte Krankenhaus von den anderweitigen Kranken, wenigstens zum grössten Theil, geräumt. Die so gewonnenen Pavillons wurden für die Cholerakranken bestimmt, während die anderen Kranken anderweitig, z. B. in Schulen in der Stadt, untergebracht wurden. Ein solcher Zustand, bei dem die Krankenhäuser einem Theil ihrer Bestimmung entzogen wurden, konnte nicht befriedigen und man musste daran gehen, noch specielle Unterkunftsräume für die Cholerakranken zu improvisiren. Hierbei darf ich wohl daran erinnern, dass der frühere Medicinalrath von Hamburg, Dr. Kraus, 1884, als die Cholera von Frankreich aus drohte, die Erbauung von Cholerabaracken beantragt hatte. Diesem Antrage war dadurch entsprochen worden, dass zunächst die obigen 6 Holzbaracken à 20 Betten bewilligt und aufgeführt werden. Im Juli 1892 wurden gegen die Cholera noch weitere 8 Baracken zu 20 Betten bewilligt und soweit vorbereitet, dass sie von Anfang August ab nach Bedarf in ca. 14 Tagen errichtet werden konnte. Der gewaltigen Epidemie gegenüber reichte dieses Project aber nicht aus und es wurden allmälig errichtet: bei dem Seemannshospital 4 Baracken zu 20 Betten, bei dem alten Krankenhause 4 Baracken zu 20 und 4 weitere zu 30 Betten, bei dem Marienhospital 4 Baracken zu 30 Betten, bei dem Krankenhause des vaterländischen Frauenvereins 3 Baracken (nicht in Benutzung gezogen) zu 30 Betten undam neuen Krankenhause an der Erikastrasse 7 Baracken zu 30 Betten oder in Summa 26 Baracken mit 700 Betten.

Das preussische Kriegsministerium hatte 6 Döker'sche Baracken zu 20 Betten und 35 Zelte zu 11 Betten, in Summa 505 Betten zur Verfügung gestellt, die in Form eines besonderen Lagers neben dem neuen Krankenhause eingerichtet wurden. Die Einrichtung eines solchen Lagers ist sonst in Stunden fertig. In Hamburg dauerte es viele Tage, weil das Terrain erst planirt wurde, Trottoire angelegt wurden und Anschluss an die Kanalisation, Wasserleitung, Warmwasserleitung und electrische Beleuchtung hergestellt wurde.

Hiermit standen mit Einschluss der 6 alten Baracken in minimo gegen Mitte September 1325 Betten zur Verfügung. Hierzu kam noch von privater Seite die Improvisation eines Lazarethes in einer Schule in der Stresowstrasse bei Rothenburgsort im schwer getroffenen Stadttheile Hammerbrook. Dieses improvisirte Krankenhaus war wegen seiner Lage eines der wichtigsten. Es waren ca. 80 Betten vorgesehen.

Die Baracken der Hamburger Techniker waren einfache, zweckentsprechende Holzbauten auf Cementboden, mit Anschluss an centrale Canalisation, Wasserversorgung und Beleuchtung; für später war Heizung durch Oefen, eine doppelte Holzverschalung und Belag des Fussbodens mit Linoleum vorgesehen, wovon aber im September noch abgesehen wurde. Die Verpflegung geschah nach Möglichkeit im Anschlusse an die benachbarten Hospitäler. Die Dejecte wurden in die Canäle, resp. im Seemannshospital direct in die Elbe geleitet, vorher jedoch einer besonderen Desinfection mit Kalkmilch unterworfen.

Diese Improvisationen waren überall spätestens zwischen dem 9. bis 15. September fertig geworden und in Benutzung genommen. Von dieser Zeit an konnte deshalb die Räumung der Pavillons des neuen Krankenhauses behufs Wiederaufnahme anderer Kranken reihenweise vor sich gehen, so dass diese Anstalt Mitte September bereits nicht mehr den Eindruck eines Cholerakrankenhauses machte. Bei dem geringen Zugang an Cholerakranken seit etwa dem 10. September und der gleichzeitigen allmählichen Räumung der Pavillons, bei der von jetzt ab vorwiegenden, noch später ausschliesslichen Benutzung der älteren Holzbaracken für Schwerkranke, und in Folge der Verlegung der leichten Kranken und Reconvalescenten aus den Pavillons nach den Baracken an der Erikastrasse eignete sich das neue Krankenhaus seit Mitte September schon zu einer parademässigen Vorführung der Pavillonabtheilung, die zu einer sachlichen Beurtheilung der vorausgegangenen Zustände absolut ungeeignet war.

Für die Cholerakranken war es von günstigem Einflusse, dass mit der Zugänglichkeit von Baracken in verschiedenen Theilen der Stadt der oft ungeheuer weite Transport nach Eppendorf auf meist sehr schlechtem Pflaster beseitigt wurde.

Von allgemeiner Bedeutung sind bei der contagiösen Auffassung der Cholera die Vorrichtungen zur Beseitigung der Dejecte, d. h. die Abortanlagen und die Desinfectionseinrichtungen. In Hamburg ereignete sich nun das Sonderbare, dass die improvisirten Anlagen dieser Art in den Baracken und der Schule bedeutend besser waren als die ständigen Anlagen der Musterkrankenanstalt in Eppendorf. In letzter Anstalt haben die sonst fast ideal zu nennenden, nur auf den Comfort der Kranken aus übertriebener Bakterienfurcht etwas gar zu wenig bedachten Pavillons eine durchaus ungenügende, in der Anlage verfehlte **Abortanlage, die sehr verbesserungsbedürftig,** aber auch noch verbesserungsfähig ist. Viel besser als in Hamburg hat Merke es in Moabit verstanden, die bei der Cholera zu Tage getretenen Mängel der bisherigen Abortanlagen der Pavillons durch definitive Verbesserungen zu beseitigen.

Die Desinfectionseinrichtungen, die speciell gegenüber der Cholera getroffen worden waren, bestanden z. Th. in Vorrichtungen zum Dämpfen der Wäsche, ähnlich, wie ich sie bereits im I. Theil angegeben habe; z. Th. wurde die Wäsche in Bütten mit Lysollösung gebracht, in denen sie ca. 4 Stunden blieb, ehe sie behufs Aufkochens und Waschens der Waschanstalt überwiesen wurde. Beide Verfahren sind zweckentsprechend. Im neuen Krankenhause wurde ein Theil der Objecte ebenfalls in Lysol desinficirt, ein Theil wurde aber der stabilen Desinfectionsanlage überwiesen. In diesem viel gerühmten Krankenhause, dessen Bau begonnen wurde, als man bereits in der Desinfection recht weit war und zweckentsprechende Anstalten bauen konnte und gebaut hat, besteht nur eine kleine, absolut ungenügende Desinfectionskammer für heisse Luft, bei der undesinficirte und desinficirte Gegenstände zur selben Thür herein- und herausgebracht werden. Bei der im Uebrigen so grossartigen Anlage macht diese Desinfectionsanlage einen ungemein kläglichen Eindruck und es wirkte etwas sonderbar, wenn man sah, wie der grösste Theil der Desinfection in dieser Musteranstalt auf die Improvisation der Desinfection im Freien durch Lysollösung hinauslief. Wenn nicht früher, so hätte doch das Drohen der Cholera im Sommer 1892 zu einer Beseitigung dieser mangelhaften Anlage und zu einem **Ersatz durch eine genügend grosse und zweckentsprechende Desinfectionsanstalt für Dampf** Veranlassung bieten sollen, die jetzt ebenfalls post festum kommt. Prophylaktisch ist ein solches Handeln nicht.

Mit Rücksicht auf die vielfach geradezu verschwenderischen Einrichtungen von Eppendorf meinte ein für einen Engländer merkwürdig phantasievoller Berichterstatter der Times: die Alexandrowski-Baracke in St. Petersburg und Moabit in Berlin sind bewundernswerthe Hospitäler, von jedem Standpunkt aus betrachtet, Eppendorf aber ist ein Traum!

Dass man schon bei der Anlage hygienisch wichtige, für die Bekämpfung der Cholera geradezu ausschlaggebende Theile, wie die Abortanlage der einzelnen Pavillons und die Desinfectionsanlage der ganzen Anstalt vollständig verfehlt und auch später nicht mehr rechtzeitig den Anschluss erreicht hat, habe ich schon gesagt. **Ebenso verfehlt ist die Oekonomieanlage,** wenigstens in einigen Theilen, wie Waschanlage und Küche.

Bei einigem guten Willen ist es möglich, diese wichtigsten Theile der Anlage zweckentsprechend umzugestalten, da dies wichtiger ist als Luxus an unrichtiger Stelle. Die einfachere Anlage in Moabit fand ich mit den durch die Hamburger Cholera veranlassten neuen Verbesserungen als eine bei Weitem zweckentsprechendere Anlage als die viel kostspieligere Anlage in Eppendorf.

Mit Rücksicht auf die Ansicht, in die man sich fast überall hineingelebt hat, dass das neue Hamburger Krankenhaus in Eppendorf nicht nur die theuerste, sondern auch die nach jeder Richtung beste neue Krankenanstalt sei, musste ich darauf hinweisen, dass diese Musteranstalt in sehr wichtigen hygienischen Richtungen verfehlt ist.

Wenn man den Staud der älteren Krankenhäuser in Deutschland, England, Frankreich oder gar Oesterreich aus eigener Beobachtung kennt, so bleibt *das neue Hamburger Krankenhaus trotz dieser groben Mängel immer noch eine der ersten und bewundernswerthesten Anstalten,* besonders was die Disposition der Gebäude und Pavillons und die hygienische Einrichtung der Pavillons im Einzelnen betrifft.

Bei meiner Ankunft in Hamburg liess ich michbei dem grossen Mangel an Aerzten bestimmen, eine aus dem Frauen-Pavillon 26 und dem Männer-Pavillon 41 bestehende Choleraabtheilung als (selbstverständlich unbesoldeter) Oberarzt zu übernehmen. Mit Rücksicht auf meine ursprüngliche Absicht, meine wissenschaftlichen und therapeutischen Versuche an geeigneten Fällen mit aller gebotenen Vorsicht anzustellen, war dies, wie ich bekennen muss, eine grosse Thorheit. Ich würde dies noch mehr bedauern, wenn nicht einerseits die Pflicht des Arztes zu helfen selbstverständlich wäre und oft nöthigt, über persönliche Liebhabereien anderer Art ohne Weiteres hinwegzugehen, und wenn andererseits die Möglichkeit vorhanden gewesen wäre, die eigenen Versuche nach allen den Richtungen ausgiebig auszudehnen, in denen Lücken vorhanden sind. Ich fand leider nicht die erwartete Unterstützung. Anfangs schob ich dies mit anderen der fremden Aerzte auf Anordnungen der Direction, da wir fremden Aerzte, wie einer der Herren bereits gegen Ende der ersten Septemberwoche erklärte, einem zunehmenden passiven Widerstande seitens der Anstaltsärzte begegneten. Später hat aber Herr Director Rumpf öffentlich erklärt, dass er Auftrag gegeben habe, mich in meinen Bestrebungen zu fördern. Hiernach muss ich wohl meine vielfach getheilte Annahme fallen lassen. Dann war aber das neue allgemeine Krankenhaus auch nach der wissenschaftlichen Seite seiner Aufgabe nicht ganz gewachsen und nicht vollständig entsprechend vorbereitet, im Gegensatze z. B. zu den auch in dieser Richtung mustergültigen Einrichtungen in Moabit. Unter diesen Umständen hätte ich überhaupt nicht alle restirenden Aufgaben in Angriff nehmen können. Ich beschränkte mich deshalb auf einige wichtigere Punkte, z. B. auf die Dauer der Nachweisbarkeit der Kommabacillen, Isolirung des Choleragiftes. Einige Versuche in Hamburg waren eigentlich nur Vorversuche, die definitive Bearbeitung erfolgte später im Laboratorium in Prag. Selbst diese Versuche waren nur möglich, weil ich mir die Versuchsthiere in Hamburg anderweitig besorgen konnte, weil ich mir selbst die nöthigsten Instrumente und Apparate mitgenommen hatte, und einzelne Apparate mir von Herrn Dr. Enoch in Hamburg, meinem früheren Assistenten, geliehen worden waren. Ausser meiner Frau, Herrn Dr. Enoch und meinem Privatassistenten Dr. Fajans habe ich für wirkliche theilweise Unterstützung von den Herren des Hamburger Krankenhauses nur den Assistenzärzten Herren Dr. Bargum und Deike zu danken.

Ehe ich auf die Behandlung der Cholera eingehe, dürfte es angezeigt sein, **die bakteriologischen Ermittelungen** zu besprechen, die für Aetiologie und Klinik unmittelbare Bedeutung haben, da viele dieser Versuche an Erhebungen im Krankenhause anknüpfen.

Die Diagnose der Cholera ist bei der Existenz symptomatologisch ähnlicher Krankheiten oft nur durch den bakteriologischen Nachweis der Kommabacillen zu stellen. Die Sicherheit und Schnelligkeit dieses Nachweises ist deshalb sehr wichtig. Ich verfahre stets so, dass ich aus dem zu prüfenden Materiale die grauen Flöckchen der Epithelfetzen entnehme und sie in Bouillon eintrage. Von der Bouillon erst werden die Verdünnungen für die Gelatine-Platten gemacht. Die Bouillon bleibt dann ruhig bei 37° im Brütofen und unter diesen Bedingungen bilden die Kommabacillen in der Regel an der Oberfläche Schwärme, so dass man oft schon nach 8 bis 10 Stunden Cholerabakterien mikroskopisch sicher nachweisen kann. Von hier aus mache ich dann in zweifelhaften Fällen noch Strichkulturen auf Agar-Platten, die in den Brütofen kommen und stets nach 12 Stunden schon Wachsthum zeigen. Dieses Verfahren, welches sich z. Th. an das von Schottelius ermittelte, und von Gruber erfolgreich angewendete Verfahren anschliesst, ist sehr einfach und als Ergänzung stets werthvoll, trotzdem das Aussehen der Culturen in Bouillon und Agar innerhalb 24 Stunden wenig charakteristisch ist. Aus diesem Grunde lege ich auch stets noch Gelatineplatten an, in denen man bei ca. 20—22° in etwa 24—30 Stunden die Colonien wahrnimmt. Sämmtliche Culturmedien dürfen nie amphoter reagiren, sondern sie müssen deutliche, aber schwach alkalische Reaction zeigen; ältere Medien sind darauf hin stets noch einmal zu prüfen.

Die Diagnose hängt nun vom mikroskopischen Aussehen der einzelnen Bakterien und vom Aussehen der Culturen in Gelatine ab. Ob die Kommabacillen in Bouillon Membranen bilden, hängt, wie ich ermittelte, von der Dauer des vorausgegangenen anaëroben Lebens ab; manche Kommabacillen bilden keine Membranen oder doch erst sehr spät. In Gelatine ist das Aussehen der einzelnen Colonien unter Umständen sehr verschieden und entspricht oft nicht dem von Koch geschilderten. Vor mehreren Jahren schon hatte ich selbst, Zaeslein, Buchner und Gruber ermittelt, dass die Kommabacillen stark variiren, so dass die in unseren Laboratorien allmählich gesammelten Culturen verschiedener Herkunft meist Abweichungen unter einander zeigen. Experimentell ermittelte ich aber dann, als ich von einem Keim einer charakteristischen Colonie ausging, dass man durch Variation der Bedingungen diesen einen Keim so beeinflussen kann, dass die schliesslichen Culturen, wenn man sie endlich wieder auf dieselbe Gelatine, Agar und Bouillon überträgt, unter einander stark variiren, dass also kleine Abweichungen jetzt erblich fixirt sind. Die so von mir künstlich erhaltenen Variationen waren grösser als die Abweichungen der Culturen, die ich als spontan selbst beobachtet habe. Nur D. D. Cunningham scheint eine Variation beobachtet zu haben, die vielleicht darüber hinausgeht. Nach der Summe dieser Beobachtungen halte ich es bis jetzt für die einzige bewiesene Ansicht, dass der Erreger der Cholera asiatica eine bestimmte Art von Mikrobien darstellt, die aber variationsfähig ist.

Man muss aber nach solchen Erfahrungen daran denken, dass die Kommabacillen nicht jedesmal typisch nach Koch wachsen. In Hamburg waren in jeder meiner Culturen typische Colonien gewachsen, so dass die Diagnose jedesmal sehr leicht war; daneben fanden sich stets nur wenige atypische Formen. Nur in einem Falle waren die typischen Colonien in der Minderzahl und vorwiegend fanden sich Colonien, die ähnlich gewachsen waren wie die Colonien von B. subtilis oder Proteus oder sehr schnell gewachsene Colonien von Finkler-Prior-schen Kommabacillen; die weitere Cultur im Laboratorium erwies die Identität mit den typischen Kommas.

Solche Variationen sind nach den Versuchen beurtheilt zum Theil wohl Folge der Besonderheiten des Nährbodens, der im lebenden Organismus wohl auch mehr variirt, als man meist annimmt. Zur richtigen Beurtheilung dieses Verhältnisses will ich noch anführen, dass nach meiner naturwissenschaftlichen Auffassung die Bakterien nicht im strengen Sinne die Ursache, sondern die Erreger der Krankheit sind, d. h. dass sie durch Uebertragung bestimmter Bewegungen vorhandene Energie auslösen. Diese Energie, die die wahre innere Ursache dastellt, ist vorhanden in Form todten oder lebenden, labilen Nährmaterials. In diesem scharf definirten Sinne muss also das Nährmaterial entscheiden, was auf den bakteriellen Anstoss hin erfolgt. In diesem Sinne bestimmt das Nährmaterial die Virulenz und Giftigkeit von Parasiten. Bei ungeeignetem Nährmaterial kann wegen anders gearteter Energieauslösung die Giftbildung nicht eintreten und die Parasiten hören damit auf Giftbildner, virulent und schliesslich sogar infectiös zu sein, sobald sie sich den neuen, für Giftbildung chemisch ungeeigneten Verhältnissen angepasst haben.

Wie die Energie ein und desselben Pulvers durch den Funken der Lunte, des Feuersteins, durch einen electrischen Funken oder durch labile chemische Körper ausgelöst werden kann, so kann auch dieselbe Energie des Nährmaterials durch verschiedene Bakterien ausgelöst werden. Dies zeigt sich in der Bildung symptomatologisch ähnlicher Krankheiten unter dem Anstosse verschiedener Bakterien. Ausser den Koch'schen Kommas wirken ähnlich das B. coli commume — den ersten choleraähnlichen Fall dieser Art mit typischem Reisswasserstuhl habe ich schon vor mehreren Jahren beschrieben —, vielleicht die Finkler-Prior'schen Kommabacillen, eine kürzlich beschriebene Streptokokkenart und gelegentlich vielleicht noch andere, bisher unbekannte Bakterien.

Auch in Hamburg beobachtete ich oft, dass die Kommabacillen im Darm auffallend plump und wenig gekrümmt waren, im Vergleiche zu denselben Bakterien, wenn sie aus den Culturen untersucht wurden. Nur die ganz jungen Bakterien in der Bouillon zeigen oft dasselbe plumpe Aussehen, welches man auch an anaërob cultivirten Kommbacillen findet. Es dürfte sich dabei wohl um eine Anpassung an die Sauerstoffbeschränkung im Darme handeln.

In einem sicheren Cholerafalle gelang es mir einige Mal nicht, aus dem Stuhl Kommabacillen zu cultiviren, trotzdem sie mikroskopisch nachweisbar waren. Aus ähnlichen Fällen könnten unter Umständen Schwierigkeiten für den Nachweis der ersten Fälle entstehen. Dieser Fall veranlasste mich einige Mal bei Sectionen Culturen aus verschiedenen Abschnitten des Darmes zu machen. Dabei ergab sich, dass im Dickdarm stets ein massenhaftes Absterben der im Dünndarm reichlich vorhandenen Kommabacillen stattgefunden hatte. Bei Darstellung des Choleragiftes ergab sich desgleichen, dass im Stuhl viel weniger Gift vorhanden war als im Dünndarm-Inhalt. Die saure Reaction des Dickdarms dürfte wohl der Grund für das Absterben der Kommabacillen und für das Binden und Unschädlichmachen des Giftes sein.

Bei starker Diarrhoe, wie sie die Regel ist, passiren allerdings viele Keime im lebensfähigen Zustande den Dickdarm und erscheinen im Stuhl; ob die Virulenz eines Theiles dieser Bakterien gelitten hatte, vermochte ich damals nicht festzustellen. Auf jeden Fall gelangen genügend viele virulente Keime im Stuhl nach aussen. Andererseits ist nicht zu verkennen, dass in dieser Beobachtung eine theilweise Rehabilitirung des Grundgedankens der Pettenkofer'schen Auffassung liegt.

In dieser Beobachtung liegt auch eine Erklärung für das auffallende Verhalten, dass man im Stuhl leichter Fälle von einfacher Cholera-Diarrhoe meist mehr Kommabacillen findet als im Stuhl ganz acuter schwerer Fälle, die ohne heftige Diarrhöen in wenig Stunden tödtlich verlaufen. Die Schwere des Einzelfalles ist keine Garantie für das nach aussen Entsenden von virulenten Kommabacillen: ein leichter Fall kann in dieser Hinsicht für die Umgebung gefährlicher sein — vorausgesetzt, dass und soweit die Contagion, die unmittelbare Uebertragung auf Gesunde das Entscheidende ist.

Im Stuhl habe ich in einem Falle noch am 14. Krankheitstage entwicklungsfähige Kommabacillen nachgewiesen; ob dies aber der äusserste Termin ist, ist mir zweifelhaft.

Die Schwere oder Leichtigkeit der Einzelfälle hängt nicht nur von der Disposition in der Richtung ab, dass überhaupt die Infection erfolgt ist.

Ich habe schon angegeben, dass die Disposition der Europäer, an Cholera zu erkranken, eine geringe ist. Wo aber auch die Infection erfolgreich war und die natürlichen Hemmungen der Infection spontan oder mit Kunsthülfe überwunden wurden, wie in den am eigenen Körper angestellten Versuchen von Pettenkofer und Emmerich, ist dadurch das Endresultat noch keineswegs bestimmt oder a priori ein schlechtes, die Erkrankung nicht nothwendig eine schwere. Von der erfolglosen Infection bis zu den leichten Diarrhöen und bis zu den ganz acuten Vergiftungsfällen giebt es alle möglichen Uebergänge. Das Eintreten der Diarrhoe beweist nichts weiter, als dass die Kommabacillen in den Dünndarm gelangten und sich dort vermehrten. Durch die Diarrhoe vermag aber der Organismus selbst sich der im Darm vorhandenen Bacillen und eines Theiles des durch dieselben im Darm gebildeten Giftes zu entledigen. Ein Theil des Giftes wird stets resorbirt, aber auch diesem Gifte gegenüber verhalten sich die einzelnen Individuen sehr verschieden und einzelne scheinen selbst grosse Mengen Choleragift auch nach der Resorption noch anderweitig, z. B. durch die Nieren, ausscheiden oder binden und paralysiren zu können. Zum Zustandekommen der schweren Fälle gehört unbedingt noch eine weitere Disposition gegenüber dem bereits resorbirten Gifte. Diese Auffassung wird durch die klinischen Beobachtungen am kranken Menschen ebenso wie durch die Thierversuche zu einer zwingenden. Wenn die Infection und Vermehrung im Darm eingetreten ist, kommt jede örtliche und zeitliche Disposition zu spät und nur glückliche individuelle Anlagen gegenüber der Vergiftungsgefahr können noch helfen und den Uebergang der leichten Cholera in eine schwere Form verhüten. Wo keine individuelle Disposition vorhanden ist, bewirkt auch die Infection, selbst bei nachgewiesener örtlicher Disposition, keine Cholera, wie jenes Kind beweist, welches in Hamburg zur Zeit einer Epidemie, also bei sicher vorhandener örtlicher und zeitlicher Disposition, die Dejecte! seines Vaters verzehrte und doch nicht erkrankte. Es hatte die Dejecte für Welgen gehalten — das ist der ortsübliche Name für Graupensuppe, während man an andern Orten die Stühle mit Reiswasser oder Mehlsuppe verglichen hat — und in diesen Dejecten, bei einem derartigen Aussehen derselben, wahrscheinlich grosse Mengen Kommabacillen mit den die Infection begünstigenden Toxinen zusammen genossen. Dieser Fall zeigt neben anderem allerdings auch noch die geringe Contagiosität der Kommabacillen.

Die bisherigen Versuche, das **Choleragift** zu isoliren, bedurften der Ergänzung durch Versuche an Kranken. Ich benutzte zu diesen Versuchen nur typische Reiswasserstühle und analogen Darminhalt. In einigen Fällen wurde das Material unverändert, in anderen nur der flüssige Theil, nach vorausgegangener Filtration durch Fliesspapier, in Alkohol eingetragen, mit Wasser oder 0,5 pro mille Kalihydratlösung oder mit einer Lösung von 0,5 proc. Kochsalz + 0,05 proc. Kaliumhydrat aufgenommen, wieder ausgefällt und gereinigt, der Niederschlag sorgfältig von Alkohol befreit und dann endgültig mit der obigen alkalischen Kochsalzlösung in Lösung gebracht. In Hamburg konnten bei der geringen Zahl von Versuchsthieren, die ich mir verschaffen konnte, nur die Vorversuche gemacht werden, die darauf ausgingen, die Existenz des Giftes festzustellen und die ungefähren Grenzen zu ermitteln. Nachdem dies geschehen war, wurde das Material für die weiteren Versuche nach zwei Methoden, die vorher ermittelt waren, conservirt und in Prag weiter verarbeitet.

Der Darminhalt und Stuhl enthält bei Cholera wenig in Wasser lösliche Eiweisskörper vom Charakter der Albumosen und Peptone und die vorhandenen derartigen Körper sind zum Theil Resultate der durchaus nicht ganz aufgehobenen Darmverdauung und nur zum Theil Resultate der Lebensthätigkeit der Kommabacillen im Darm. Leider können wir beide Gruppen chemisch nicht trennen und nur aus der biologischen Wirkung, d. h. der Giftigkeit auf die Herkunft schliessen. Die quantitative Bearbeitung ist damit ganz unmöglich gemacht und man ist auf Schätzungen angewiesen. Die Giftigkeit des Choleragiftes dürfte entschieden grösser sein, als sie oft zu sein scheint, weil die Menge des Giftes nur einen Theil der analogen chemischen Körper bildet, die zusammen ausgefällt und wieder gelöst werden. In den Fällen, in denen eine relative Reinigung vorlag, entsprachen die chemischen Reactionen denen des Peptons; die in Wasser nicht löslichen Eiweisskörper waren nicht giftig. **Hiernach muss ich das Choleragift als ein Pepton ansprechen, welches durch den Anstoss der Kommabacillen bei Luftabschluss im Darm aus genuinen Eiweisskörpern abgespalten wird.** Auf Thiere übertragen wirkt das Gift bei Meerschweinchen derart, dass die Thiere 1 bis 2 Stunden ganz reactionslos bleiben, dann fangen sie an traurig und schwach zu werden, unter Auftreten von Krämpfen tritt schliesslich totale Lähmung ein; einige Male traten auffallende dyspnoetische Erscheinungen und Cyanose vor der Lähmung ein, während diese Erscheinungen bisweilen nur geringfügig waren, aber nie ganz fehlten. Ungefähr von der zweiten Stunde an sinkt die Temperatur, z. B. Injection 11 h bei 38,8°; 12 h 37,1°; 12,30 h 36,4°; 2,30 h 35,8°; 3 h 35°; 4 h 34,1°; 5 h 34,8°; 6,30 h 32,9°; 7 h 31°; 7,30 h 29,8° +.

Das Gift bewirkte bei Meerschweinchen bei intraperitonealer Injection den Tod in 4 bis 12 bis höchstens 18 Stunden. Einige Thiere erholten sich. Die intravenöse Einspritzung des Giftes bei Kaninchen und Hunden verlief ähnlich unter allmählichem Herabgehen der Temperatur. Nach diesen Versuchen beurtheilt muss ein Theil des Giftes, welches im Darminhalte vorhanden ist, nicht im Stuhl erscheinen, da die Isolirung des Giftes aus Stuhl relativ viel mehr Material erfordert resp. bei gleichem Material weniger Gift aus den Dejecten isolirbar ist. Der Grund dürfte darin liegen, dass ein Theil des im Darm gebildeten Giftes resorbirt, ein anderer Theil aber mit dem Stuhl ausgeschieden und durch die Säuren des Dickdarms gebunden wird.

Dass das Gift wirklich resorbirt wird, dafür spricht entscheidend die Thatsache, dass ich das Gift aus dem ersten spärlichen Urin nach vorausgegangener Anurie ebenfalls isoliren konnte. Die ersten Urinversuche waren negativ, erst als der Urin von mehreren Kranken zusammen verarbeitet wurde, erhielten wir die ersten positiven Resultate, die uns später leiteten; aber auch von einzelnen Kranken genügt bisweilen der Urin zur Erzielung positiver Resultate.

Der Alkohol als solcher hatte keine Körper gelöst, die für die Giftwirkung in Betracht kamen. Neben dem Pepton wurde noch speciell Leucin, Tyrosin und Indol im Darm und Stuhl gefunden; auf basische Körper im Urin wurde nicht weiter untersucht, nachdem das Pepton gefunden war. Der Kochsalzgehalt des Darminhalts schwankte zwischen 0,29 bis 0,44 pCt., der des Stuhls betrug in einem Falle 0,288 pCt., so dass bei starken Diarrhöen neben dem Wasser auch viel Salz verloren geht.

Die dem Choleragifte erlegenen Thiere zeigen dieselben Erscheinungen wie die mit dem aus Culturen dargestellten Gifte geimpften Thiere und ähnliche wie die der Cholera erlegenen Menschen. Bei Injection ins Peritoneum sind die vorliegenden Darmschlingen in mehr oder weniger grosser Ausdehnung diffus rosa gefärbt, ähnlich auch das Peritoneum selbst; man findet vielfache Hämorrhagien, letztere bisweilen auch am Pericard. In der Leber findet man öfters Zellnecrosen und ganz regelmässig sind die Nierenepithelien getrübt und in verschiedenen Stadien der Necrose; sehr selten sind auch die Glomeruli angegriffen.

Diese Befunde gestatten auch in der Frage der Deutung der Cholera-Niere Stellung zu nehmen. Neuerdings wollen Gruber und Leyden die Nierenaffection beim Menschen nur aus den Wasserverlusten erklären; Leyden stützt sich dabei besonders sowohl auf die vorliegende Affection der Nierenepithelien, als darauf, dass die Glomeruli in der Regel, aber wie ich schon früher angegeben habe, nicht stets frei sind. Was wir bisher über septische Nephritis wissen, ist viel zu wenig, um daraus schliessen zu können, dass toxische Processe bakterieller Provenienz stets in den Glomerulis localisirt sein müssen, dass solche Toxine die Epithelien nicht befallen können. Klebs hat schon auf eine Ausnahme hingewiesen und meine Versuche mit dem Choleragifte selbst beweisen direkt, dass dieses Gift auch ohne Wasserverluste die Nierenepithelien zur trüben Schwellung und Necrose bringt.

Mit den Wasserverlusten ist auch schlechterdings die klinische Beobachtung unvereinbar, dass Diarrhöen mit sehr starkem

Wasserverluste, wie die Cholera nostras, aber auch die profusen leichteren Choleradiarrhöen die Nieren nicht afficiren, während sich umgekehrt bei den ganz schweren acuten Cholerafällen, in denen es zu keinem, oder zu keinem grossen Wasserverluste gekommen ist, stets sehr schwere Nephritis zeigt. Ohne die Bedeutung der Wasserverluste für die Erschwerung der Nierenfunction und damit für die Erkrankung der Nierenepithelien zu verkennen, darf man wohl ruhig behaupten, dass das so auffallend häufige, dem Wasserverluste nicht parallel gehende, bei der Cholera geradezu charakteristische Befallensein der Niere ein etwas ist, was sich bei der Cholera specifisch hinzuaddirt, dem Wasserverluste übergeordnet ist und seine Erklärung nur in der gleichzeitigen specifischen Giftwirkung auf die Nieren findet. Auch die bei den Sectionen beobachteten Nierenveränderungen stehen nach ihrer Schwere in keinem Parallelismus mit der Schnelligkeit und Reichlichkeit des Wiedereintrittes der Urinabsonderung; bei sehr reichlicher Urinsecretion kann man oft sehr schwere Nierenveränderungen beobachten und bei ganz sistirter Urinsecretion relativ geringfügige Grade der Nierenaffection. Ich führe dies an, weil ich nach den bisherigen Veröffentlichungen nicht gefunden habe, dass dieses Verhalten vermerkt worden ist. Die prognostische Bedeutung des Wiedereintrittes der Urinsecretion wird dadurch vielfach eine andere und nicht nothwendig eine günstige, worüber mich auch einige Krankenfälle leider belehrten.

In neuerer Zeit scheint man wieder vielfach die Bedeutung der Wasserverluste zu überschätzen und doch würde ein Vergleich mit der Cholera nostras schon zwingen müssen, davor zu warnen. Gerade die acuten Fälle zeigen das typische Bild einer schweren Vergiftung. Der Puls ist klein, beschleunigt, die Athmung ganz oberflächlich und schnell, die Haut hat eine graue, cyanotische Farbe, die Augen sind eingesunken, die Lider sind halb geöffnet, in Folge dessen fehlt Conjunctivitis wohl nie, die Pupille wird nach oben gestellt; in vielen Muskelgruppen treten Convulsionen ein: es besteht Präcordialangst. Bei den schweren Fällen sind diese reinen Vergiftungserscheinungen deutlich ausgesprochen, ehe Symptome auftreten, die auch auf Wasserverluste bezogen werden können, wie Stehenbleiben der Hautfalten, Einsinken der Orbitalgegend, heisere Stimme. Gegen Ende fehlen diese Symptome allerdings nie und sie sind bisweilen schon früh vorhanden, gehen aber nie den Wasserverlusten ganz parallel und sicher gehen ihnen die reinen Vergiftungssymptome voraus. Die Zeichen der Herzschwäche, die zum Theil wohl auf unmittelbare Vergiftung der Muskulatur zu beziehen sind, da ich wenigstens einige Mal Trübungen der Herzmuskulatur gefunden habe, dann die auf Vergiftung der Vasomotoren zu beziehende Blutstagnation mit ihrer Folge, der Pulslosigkeit, sind in den schwersten Fällen vorhanden ehe die Wasserverluste des Blutes in Betracht kommen. Während die Affection der Herzmuskulatur beweist, dass das resorbirte und im Blute kreisende Choleragift lebensfähige Protoplasten vernichten kann, ist es schwerer, sich die Wirkung auf die Gefässnerven unzweideutig vorzustellen; vielleicht gestatten die Experimente, diese Frage genauer zu beantworten. Aber sicher besteht ein Einfluss auf die Vasomotoren, ehe der Wasserverlust für das Blut und das Gefässsystem in Betracht kommt. In dieser Hinsicht hatte H. Kühne schon darauf hingewiesen, dass bei dem geschundenen, allen Insulten ausgesetzten Darme shockartige Erscheinungen des Nervensystems anzunehmen sind und vor Kühne hatte Axmann schon die Symptome als reflectorisch von einer Betheiligung der Darmganglien abhängig hingestellt. Ob aber diese Ganglien direct von dem necrotischen Processe der Darmschleimhaut getroffen werden, oder von dem im Darme resorbirten Gifte, blieb unklar. Aber diese Ueberlegungen zeigen immerhin, dass auch seitens des Gefässsystems regelmässig Symptome klinisch deutlich sind, die auf directe oder reflectorisch vermittelte Vergiftung der Nerven hinweisen und die vorhanden sind, ehe Erscheinungen des Wasserverlustes auftreten, die also dem schwankenden Wasserverluste übergeordnet sind. **Die Schwere des Falles geht der Vergiftung, nicht dem Wasserverluste parallel.** Ich unterschätze deshalb symptomatisch natürlich die Bedeutung des Wasserverlustes nicht, besonders auch, weil man hier therapeutisch anknüpfen kann.

**Sicher wird bei Cholera asiatica im Darme bei den Sauerstoffverhältnissen des Darms, also bei starker, bis zu Anaërobiose gehenden Luftbeschränkung aus dem activen, genuinen Eiweiss ein eiweissartiges Gift, ein Pepton als specifisches Gift durch die Lebensthätigkeit der Cholerabakterien, d. h. als Stoffwechselproduct gebildet.**

Dies steht vollständig in Einklang mit den Versuchen, die ich schon vor Jahren mitgetheilt habe und die von Scholl ergänzt wurden. Neuerdings hat Gruber unsere Versuche in Einzelheiten beanstandet und auch da, wo er unsere Ermittelungen nur bestätigt, den Anschein einer Widerlegung gewählt. Es handelte sich früher und handelt sich jetzt nicht darum, ob die Cholerabakterien bei Luftzutritt Gifte bilden, was man längst weiss, sondern ob sie dies auch bei Luftbeschränkung thun können. In dieser Hinsicht hatte ich mit Wood und Scholl durch die Culturen im Ei und durch langsame Ueberführung in Anaërobiose bewiesen, dass die Kommabacillen unter diesen Verhältnissen bei zur Abspaltung des Giftes geeignetem Nährmaterial ein giftiges Pepton bilden. Ich hatte aber ausdrücklich und wiederholt und in scharfem Gegensatze zu der von mir seit Jahren bekämpften Auffassung Pasteur's über die Anaërobiose angegeben, dass der primäre Grund, die wahre Ursache in dem Nährmaterial, in seiner Labilität, seiner Spaltbarkeit liegt und dass die Spaltungsmöglichkeit an sich unabhängig von An- und Abwesenheit von Sauerstoff ist und dass die thatsächliche Spaltung nur abhängig ist von einem geeigneten Anstosse, den die Bakterien im concreten Falle durch ihre Lebensthätigkeit geben. In diesem Sinne haben wir nachgewiesen, dass die Kommabacillen bei Luftabschluss und Luftzutritt zunächst dasselbe Gift bilden, aber wir haben auch ermittelt, dass dieses Gift bei Luftzutritt durch die weitere Lebensthätigkeit wieder weiter gespalten und oxydirt und dadurch vernichtet wird, während es sich bei Luftbeschränkung als solches erhält. Darin liegt die Bedeutung der Luftbeschränkung, in diesem Sinne ist die Luftbeschränkung, die Anaërobiose causal wichtig. Das habe ich ausdrücklich und scharf hervorgehoben und mich gegen andere Unterstellung verwahrt — und doch beruhen Gruber's Einwendungen besonders auf diesem Missverständnisse, vor dem ich gewarnt habe.

Sind in dieser Beziehung die Eiculturen nun grundsätzlich verwerthbar? Gruber bestreitet dies und stützt sich dabei auf die Athmung des Hühnchens im Ei, welches allerdings dabei keinen Schwefelwasserstoff bildet wie die Kommabacillen. Wenn die Kommabacillen im Ei wachsen, verbrauchen sie den dort vorhandenen Sauerstoff und das Ei wird stets und sehr schnell sauerstoffärmer und damit sind im Ei in einfacher Weise die Bedingungen zur Entstehung des Giftes durch Vorhandensein von geeignetem genuinem Eiweiss und zur Erhaltung des Giftes durch allmähliche, bis zur Anaërobiose gehende Sauerstoffbeschränkung vorhanden resp. herbeigeführt. Ist nun diese Ansicht von mir, oder die gegentheilige von Gruber richtig?

Das Ei enthält im Inneren an einem Pole eine kleine Luftmenge eingeschlossen; die Luftmenge in einem Ei von ca. 50 ccm Inhalt kann bis zu 2 ccm betragen. Der Sauerstoffgehalt der aus dem Ei entfernbaren Luft beträgt nun nach unseren directen wiederholten Bestimmungen ca. 20 bis 23 pCt. In Folge des Wachsens der Kommabacillen im Ei, welches also mit genügendem Luftsauerstoff beginnt, nimmt zunächst der Gesammt-Gasgehalt etwas zu, bis zu 4 ccm und selbst noch mehr. Hierdurch entsteht ein Ueberdruck im Innern des Eies, der sich beim Oeffnen des Eies bisweilen unangenehm durch Herausspritzen von Inhalt bemerkbar macht. Trotz des Druckes im Ei nach aussen ist sogar die Diffusion des Luftbestandtheile in das Innere des Eies, wie man nach physikalischen Untersuchungen über Partialdruck der Gase voraussagen kann, nicht aufgehoben und es müssen stets trotz des Ueberdruckes durch Bildung von Gasen wie Schwefelwasserstoff, im Ei Spuren von Luftsauerstoff in den Ei-Gasen vorhanden sein. Aber der Sauerstoffgehalt der Gase im Ei sinkt, nachdem die Kommabacillen angefangen haben zu wachsen, sehr schnell und beträgt nach vollendetem Wachsthum, oft nach wenig Tagen, nur noch 0,5 bis 2 pCt. und darunter, also ähnlich wie in den Darmgasen, aber ganz anders wie bei der Respiration des Hühnchens im Ei. Das ist praktisch aber Anaërobiose, mindestens in dem von mir allein postulirten Sinne, dass durch solche Beschränkungen des Sauerstoffgehaltes die aërobe Zerlegung einmal gebildeter Toxine verhindert und diese als solche erhalten werden.

Nachdem auch Gruber jetzt in den Eiculturen durch die Kommabacillen gebildete Gifte nachgewiesen hat, liegt also thatsächlich nur eine Bestätigung des wesentlichen Theiles meiner und meiner Schüler Ermittelungen vor. Auf weitere Einzelheiten, wie das Nichtbeachten der Controlversuche von Scholl, gehe ich an dieser Stelle nicht ein, da eine ausführliche Mittheilung der Versuche im Archiv für Hygiene erscheinen wird.

Das wichtigste Ergebniss der Experimente und meiner directen Ermittelungen an Cholerakranken ist demnach, **dass sich die Kommabacillen unter den Bedingungen, wie sie in Bezug auf Nährmaterial und Sauerstoffgehalt im Darm bestehen, vermehren und hierbei und in Folge dessen ein specifi-**

**sches, peptonartiges Gift bilden, welches die wichtigsten Symptome der Cholera hervorruft. Der Wasserverlust ist gegenüber der Vergiftung von secundärer Bedeutung und oft ganz bedeutungslos.**

Die Giftwirkung der todten, abgestorbenen Kommabacillen hat mit der specifischen Intoxication der Cholera nichts zu thun, wie ich schon früher gegen R. Pfeiffer ermittelt habe, und wie es neuerdings auch Gruber nachgewiesen hat. Diese Protoplasmawirkung der todten Kommabacillen steht nach meinen directen Versuchen in Beziehung zu der Möglichkeit der Schutzimpfung gegen Cholera. Anders ist es natürlich, wenn man fragt, ob die etwaige Resorption dieser Art von Giften nicht vielleicht die Gefahr für den an Cholera erkrankten Organismus erhöhen kann. Gross dürfte diese Gefahr nicht sein, da die Kommabacillen erst im Dickdarm massenhaft absterben, wenn sie sich bereits auf dem Wege aus dem Körper befinden.

Trotz der Transsudation erfolgt die Resorption des eigentlichen Choleragiftes aber bereits im Dünndarm, der gerade in Folge seiner Entblössung von dem gegen diese Art von Körpern schützenden Epithel zur Resorption von eiweissartigen Giften, von Peptonen besonders geeignet ist.

In Folge der Fähigkeit der Anaërobiose vermögen die Cholerabakterien auch wie ächte Anaëroben in das Gewebe einzudringen. Regelmässig geschieht dies in mehr oder weniger grosser Ausdehnung in der Darmschleimhaut selbst, nachdem deren Epithel durch das Toxin necrotisirt und abgestossen ist; ich habe die Kommabacillen bis in die Muscularis verfolgen können. Wenn unter dem Einflusse des Toxins die Widerstandsfähigkeit der Körperzellen herabgesetzt ist, vermögen die Kommabacillen die Darmwand ganz zu durchdringen und ähnlich wie die Bacillen des malignen Oedems in andere Gewebe und Organe einzudringen, wie dies früher schon von Nicati und Rietsch, Doyen, mir, Tizzoni und Cattani, Babes für den Menschen, von van Ermengem, mir und Gruber für den Thierversuch ermittelt war, und neuerdings durch von Rekowski bestätigt und erweitert wurde. So sind Kommabacillen im Herzblute, in der Galle, in der Leber und selbst im Gehirn ermittelt worden. Die meisten Forscher nehmen an, dass dieses Eindringen in den Körper erst in den allerspätesten Stadien der schweren Erkrankungen erfolgt und dass diese Bacillen deshalb für den Verlauf und Ausgang keine wesentliche Bedeutung mehr haben. Nur Rekowski scheint anzunehmen, dass diese Bakterien für die Schwere des Falles von wesentlicher Bedeutung sind. In der Mehrzahl der Fälle lassen sich die Kommabacillen culturell nur im Darmlumen nachweisen, von wo sie regelmässig nur in die obersten Schleimhautschichten gelangen. Dies spricht dafür, dass die Giftbildung im Darm durch die Kommabacillen zur Erklärung sämmtlicher Infections- und Intoxicationserscheinungen genügt.

Dass in die von der Cholera geschwächten Organe und Gewebe vom Darm aus auch andere Bakterien eindringen, hat neuerdings Rekowski festgestellt. Doch scheint es sich zum grössten Theil um postmortale Erscheinungen zu handeln, zum Theil liegen wohl Erscheinungen vor, die in das Gebiet der Nachkrankheiten fallen, also vielleicht den Beginn des sogenannten Choleratyphoid anzeigen. Nur zum allergeringsten Theil dürfte es sich um Mischinfectionen handeln, auf die bei der Cholera aufmerksam gemacht zu haben, immerhin ein Verdienst ist, welches Rekowski zukommt.

Die Anaërobiose der Cholerabakterien im Darm steht in naher Beziehung zur Frage der Contagiosität und Nichtcontagiosität der Cholera. Seit 1885 habe ich gegenüber der einseitigen Contagiosität wiederholt geltend gemacht, dass die wichtigste und einwandfreieste Thatsache der Bakteriologie bei Cholera der Saprophytismus der Kommabacillen ist, d. h. ihre Fähigkeit, ausserhalb des lebenden Körpers auf todten Substraten zu vegetiren und die Art zu erhalten. Saprophyten dieser Art zeigen stets dieselbe Art der Abhängigkeit von der Zeit, die wir als wichtigste Gesetzmässigkeit über die zeitliche Verbreitung der Cholera aus der Epidemiologie kennen.

**Dieser Parallelismus der bakteriologischen und epidemiologischen Thatsachen ist gesetzmässig und damit allein wird die Ansicht von der Contagiosität der Cholera unhaltbar.** Im schroffen Gegensatze zu den eigentlichen contagiösen Krankheit ist die Cholera abhängig von der Jahreszeit und ihre Höhe fällt bei uns in die warme Jahreszeit.

Während man bisher stets und überall unter Contagion die directe Uebergangsfähigkeit von Kranken auf Gesunde versteht, wird das Wort Contagion von der Koch'schen Schule vielfach aber in dem Sinne gebraucht, den man bis jetzt mit Infection bezeichnete, ohne dass diese Aenderung des Sinnes aber ausdrücklich vermerkt wurde. Dadurch sind Missverständnisse möglich und die Sache kann leicht auf einen Streit um Worte auslaufen. In dem strengen Sinne, der als Allgemeinbegriff die Infection, als Unterabtheilungen aber Contagion und Miasma hinstellt, ist die **Cholera eine Infectionskrankheit, aber keine contagiöse Krankheit.** Das ist die zweifellose Regel. Aber unter besonderen Verhältnissen können die Kommabacillen auch direct inficiren, so dass die Cholera auch nicht als reine miasmatische Krankheit bezeichnet werden kann. Einzelne Fälle sind bei jeder Epidemie contagiös und auf diesem Wege werden vielfach Einzelfälle überwintert, die das Material für das kommende Jahr mit erhalten helfen. Aber auch die miasmatische Abhängigkeit ist bei unseren klimatischen Verhältnissen nicht stets und nicht überall so klar und unzweideutig wie in Indien nur eine Abhängigkeit von der Oertlichkeit, nur von dem Boden. Die Herdbildungen in einzelnen Häusern, wie sie in Hamburg wohl unzweifelhaft sind, die oft sehr schweren Winterepidemieen, die in eine Zeit fallen, wo im Boden jede Vegetation der Kommabacillen undenkbar ist, zeigen, dass der Begriff der Oertlichkeit, des Bodens bei uns nicht so eng gezogen werden kann, wie es von Pettenkofer geschehen ist. Aber das sind Ausnahmen, die in besonderen örtlichen Verhältnissen begründet sind. Die Regel ist die Abhängigkeit von der Oertlichkeit in der Weise, dass man Beziehungen zum Boden selbst annehmen muss. Der Boden schwankt ja auch in seiner Zusammensetzung so ungeheuer nach Ort und Zeit, dass die Vorstellung eines Bodens, in dem sich die Kommbacillen einnisten, doch nichts Absonderliches an sich hat, seit wir wissen, dass die Kommabacillen gegen Trocknen und Fäulniss gelegentlich recht widerstandsfähig sind und sich der Concurrenz der anderen Saprophyten unter Umständen erwehren können.

Ob die Abhängigkeit von der Aussenwelt aber darin besteht, dass die Abnahme der Cholera bei Herannahen der kälteren Jahreszeit in der Bildung besonderer Dauerformen (Arthrosporen) oder besonders widerstandsfähiger derber Membranen, das Aufleben in der warmen Jahreszeit in der lebhaften Vegetation der überlebten Keime und damit in der Züchtung der nöthigen Keimzahl zu suchen ist, darüber sind die Versuche noch nicht genügend abgeschlossen. Ausserdem sind damit erst die Vorbedingungen für die Infection geschaffen. Die Infection selbst erfordert, dass diese ausserhalb, event. also in Bodenherden gebildeten Kommabacillen in den Körper gelangen. Diesen Transport vermittelt die Luft wohl nicht, eher Nahrungsmittel und sicher in vielen Fällen das mit den Herden in Verbindung getretene Wasser. Für die Infection kommen aber auch noch seitens der Kommabacillen einige biologische Erscheinungen in Betracht, die ich zuerst z. Th. mit Wood aufzuklären suchte und denen neuerdings Gruber einige weitere Ermittelungen hinzugefügt hat.

Die im Innern des Körpers mit dem besten Eiweissmaterial genährten Kommabacillen vermögen ausserhalb, im saprophytischen Stadium, sich mit recht schlechtem Nährmaterial zu begnügen Aber von der Natur des Nährmaterials hängt die Möglichkeit der Giftbildung, und von dieser die Virulenz ab. Es genügt nicht, dass Kommabacillen lebend in den Darm kommen, sondern sie müssen ausserdem auch die Fähigkeit besitzen, unter den Sauerstoffbedingungen des Darms aus dem Eiweiss das Gift abzuspalten. Diese Fähigkeit besitzen aber nur diejenigen Keime, die diese Fähigkeit genügend häufig ausüben können, die also genügend häufig Gelegenheit finden, geeignetes lebendes oder todtes Eiweiss zu spalten. Ausserhalb und zwar schon in unseren üblichen, gewöhnlichen Nährmaterialien ist diese chemische Vorbedingung nicht ausgiebig genug vorhanden und in Folge dessen verlieren die Kommabacillen in unseren Culturen allmählich die Fähigkeit, Gift zu bilden, wie ich schon vor Jahren nachgewiesen habe. Anfangs bleiben einzelne Keime noch leistungsfähig und so lange dies der Fall ist, kann man durch Rückübertragung auf geeignetes Nährmaterial immer wieder giftige Culturen erhalten, die auch im Thierkörper Gift bilden, also infectiös sind. Je ungeeigneter das Nährmaterial chemisch ist, um so schneller verlieren die Kommabacillen die Fähigkeit, Gifte abzuspalten und nach Gruber geschieht dies sogar auf den gewöhnlichen, zum Spaltungsstoffwechsel wenig geeigneten Culturmedien in wenig Tagen; je geeigneter das Nährmaterial zur Spaltung ist, um so länger bleibt die Virulenz der Kommabacillen erhalten, wie ich an den Eiculturen nachgewiesen habe.

Betrachtet man mit Kenntniss dieser experimentell ermittelten Thatsachen die Bedingungen, unter denen die Kommabacillen natürlich vorkommen können, so ergiebt sich sofort, dass bei uns ausserhalb wohl nie, oder doch nur sehr selten, Ernährungsbedingungen vorhanden sein dürften, die den Kommabacillen eine zur Giftbildung und Virulenzerhaltung geeignete saprophytische und aërobe Existenz ermöglichen. In der Regel sind die Ernährungsbedingungen derart, dass die Kommabacillen, auch wenn sie sich vermehren können, dies ausserhalb unter Bedingungen thun, welche zur Giftbildung und Virulenzerhaltung noch ungeeigneter sind als unsere üblichen Nährböden. Die bei Weitem grösste Zahl der Cholerakeime muss hiernach ausserhalb sehr schnell absterben und die Mehrzahl der überlebenden muss die Fähigkeit der Giftbildung, der Virulenz und Infectiosität schnell verlieren und nur relativ wenige besonders widerstandsfähige Keime dürften diesem Umstande entgehen.

Für eine saprophytische, aërobe Wiedergewinnung der Giftbildung der Kommabacillen, wie sie Gruber vorschwebt, findet sich in der Natur, im Boden und Wasser bei uns wenigstens die wichtigste Bedingung, d. h. das geeignete Nährmaterial nicht.

Ich habe nun umgekehrt schon vor Jahren gezeigt, dass, wenn man relativ wenig virulente Kommabacillen auf ein Meerschweinchen überträgt und von diesem auf ein zweites Thier u. s. w. — was in einer Zahl von Uebertragungen gelingt — man von Infection zu Infection, wenigstens bei Einführung in den Darm, weniger Material gebraucht, d. h. die Kommabacillen sind dadurch, dass sie im Darm wieder den reinen Spaltungsstoffwechsel ausführen mussten, virulenter und infectiostüchtiger geworden, resp. die vereinzelt vorhanden gewesenen spaltungskräftigen, virulenten haben unter diesen für die Spaltung und damit für die Giftbildung und Infection geeigneten Verhältnissen das Uebergewicht bekommen. Aehnliche Resultate haben Mc. Leod und R. Pfeiffer gewonnen. Diese Thatsache steht für eine gewisse Anzahl von Uebertragungen auch durch Versuche von Gruber bei intraperitonialer Infection so fest, dass der von Gruber, Haffkine und Hankin erbrachte Nachweis, dass man die Kommabacillen nicht beliebig oft von Thier zu Thier contagiös übertragen kann, und dass man die Bacillen von Zeit zu Zeit saprophytisch und aërob züchten muss, an der Thatsache selbst nichts ändert. In der Natur findet sich allein im thierischen Organismus stets und überall alles vorhanden, was zum Spaltungsstoffwechsel und damit zur Giftbildung, Gifterhaltung und Virulenz und damit in letzter Instanz für die Infection unbedingt nöthig ist.

Mit Wood habe ich nun weiter ermittelt, dass die im Thier

und ausserhalb anaërob gewachsenen Kommabacillen, die sehr virulent sind, gegen äussere Eingriffe sehr wenig widerstandsfähig sind, dass sie aber durch aërobes Cultiviren mehr oder weniger schnell wieder bedeutend widerstandsfähiger werden, was man auch an dem Bilden derber, oft fast knorpelartig harter Membranen sieht, die mit den feinen Schwärmen in Bouillon oder in der Peritonealflüssigkeit und auf der Serosa des Darms in Bezug auf Resistenz nicht zu vergleichen sind. Weiter habe ich früher mitgetheilt, dass die Infection durch Kommabacillen durch Mitübertragen von Giften erleichtert wird.

Betrachtet man alle diese Thatsachen, so dürfte sich ein leidlicher, von unberechtigten Hypothesen freier Einblick darüber gewinnen lassen, woher es kommt, dass die Cholera in der Regel nicht contagiös ist. Zugleich finden aber auch die Ausnahmen eine befriedigende Erklärung.

Unsere Aufgabe ist es allerdings nicht, Hypothesen um ihrer selbst willen zu bilden, aber ohne Deduction finden wir keine neuen Thatsachen und ohne Induction kommen wir mit den Thatsachen allein nicht weiter. Die Vorstellung, die ich entwickelt habe und hier entwickele, ist bis jetzt die einzige, die allen wirklichen Thatsachen aus Beobachtungen und Versuchen, aus Epidemiologie und Bakteriologie gerecht wird und darin liegt ihre zweifellose Berechtigung und ein Fortschritt gegenüber den bisherigen, in ihrer Einseitigkeit sich vielfach widerstreitenden Anschauungen.

**Die Cholera asiatica ist eine wesentlich miasmatische Krankheit und ihre epidemiologisch als gesetzmässig nachgewiesene Abhängigkeit von örtlichen und zeitlichen Verhältnissen findet ihre natürliche Erklärung in dem Saprophytismus der Kommabacillen, die zur Erhaltung der Art auf diese Lebensweise angewiesen sind, und deren Parasitismus nur ein fakultativer ist.** Nur bei der saprophytischen Lebensweise bilden die Kommabacillen Formen, welche genügend widerstandsfähig sind, um mit einiger Sicherheit die natürlichen Widerstände des menschlichen Organismus in einer grossen Anzahl von Fällen zu überwinden. Die den Körper des Kranken verlassenden Formen sind in Folge der vorausgegangenen Anaërobiose im Darm so wenig widerstandsfähig, dass sie zur unmittelbaren Infection wenig geeignet sind. **Die direkte Contagion wird**

**aus diesem natürlichen Grunde zur Ausnahme.** Besonders gefährdet sind in dieser Hinsicht die Wäscherinnen, weil sie bei ihren Gewohnheiten am unmittelbarsten mit grösseren Mengen virulenten, durch mitübertragenes Gift unterstützten Kommabacillen in Berührung kommen, die ausserdem noch vielfach in der Wäsche eine saprophytische Vermehrung erfahren haben.

Die plötzlichen Ausbrüche der Cholera finden ihre Erklärung ungezwungen darin, dass ausserhalb unvermerkt grosse Mengen Keime saprophytisch herangewachsen oder anderweitig nach aussen gelangt sind, die in ein allgemeines Vehikel, z. B. in eine Wasserleitung, gelangten. Das langsame Ansteigen anderer Epidemien erklärt sich einfach daraus, dass die längere Zeit vorher saprophytisch gewesenen Kommabacillen der ersten sporadischen Fälle noch wenig virulent sind, während mit Zunahme der Zahl von in Folge der parasitischen Lebensweise virulenter gewordenen Mikrobien auch die Zahl und Bösartigkeit der Fälle bis zu einem Maximum wächst, was man früher Contagiöswerden miasmatischer Krankheiten nannte.

Mit den bisherigen Ermittelungen sind auch die Grundlagen für die wissenschaftlichen und praktischen Aufgaben der **Behandlung der Cholera** gewonnen. Die klinische Beobachtung im älteren Sinne genügt nicht mehr, die Ergänzung durch den Versuch ist unabweisbar, wenn auch natürlich über den Werth dieser Versuche nur die Beobachtung am kranken Menschen entscheidet. Spricht man von der Klinik der Cholera, so muss man ziemlich alle hervorragenden Aerzte und Kliniker unseres Jahrhunderts nennen, so dass es schwer sein dürfte, rein klinisch irgend etwas Wichtiges oder gar Neues hinzuzufügen und doch kennen wir keine Heilung der Cholera und, was wir jetzt an Behandlung haben und an Heilungsmethoden anstreben, verdankt man durchaus nicht vorwiegend der Klinik. Ohne gründliche Kenntniss der Aetiologie und ohne darauf begründete Versuche sind zielbewusste Fortschritte in der Behandlung und Heilung der Infectionskrankheiten fast undenkbar. Diese unbestreitbare Thatsache rechtfertigt es wohl auch, dass ich als Hygieniker es versucht habe, meine ätiologischen Studien auf das therapeutische Gebiet auszudehnen und dass ich meine Laboratoriums-Experimente am kranken Menschen selbst auf ihre Richtigkeit und den Grad ihrer Verwerthbarkeit geprüft habe.

Die Cholerabakterien vermehren sich im Dünndarm und bilden hier ihr Gift. Seit wir dies sicher wissen, muss jede

Therapie hiermit rechnen. Im Darmlumen sind die Cholerabakterien zu vernichten und mindestens in ihrer Entwickelung und Wirkung zu hemmen; hier ist ein Theil des Giftes zu vernichten. Diese Indication bleibt aber überhaupt so lange bestehen, als entwickelungsfähige Kommabacillen im Darme vorhanden sind, weil so lange die Gefahr des Exacerbirens oder Recidivirens besteht. Ein Theil der Bacillen dringt aber in die Darmwand selbst ein und bildet dort Gift; diese Bakterien erschweren die Bekämpfung vom Darm aus, worauf Biermer schon früher mit Recht hingewiesen hat. Ein Medicament muss also resorptionsfähig sein, es genügt nicht, dass es nur den Darmkanal passirt. Dann ist die entblösste Darmschleimhaut zu schützen. Zu dieser permanenten Gefahr, die jeden Augenblick einen leichten oder mittelschweren Fall in einen schweren, einen heilbaren in einen unheilbaren überführen kann, kommt nun noch die Resorption des Giftes. Wie oben erwähnt, können die hieraus resultirenden Symptome sich mit den aus dem Wasserverluste sich ergebenden Symptomen compliciren. In dieser Beziehung ist das Eintreten der Anurie stets bedenklich, weil hiermit ein wichtiger Ausscheidungsweg für das resorbirte und im Körper kreisende Gift verlegt ist und dessen Wirkung nunmehr in heftigster, durch die Retention von Harnbestandtheilen unterstützter Weise zur Geltung kommen kann. Hieraus ergiebt sich die Nothwendigkeit, bei medicamentösem Vorgehen die Nieren zu schonen und manches vielleicht sonst geeignete Medicament findet hier eine Grenze der Brauchbarkeit.

Das resorbirte Gift ist aber ausserdem direkt zu binden oder unschädlich zu machen oder seine Ausscheidung muss begünstigt werden und der Wasserverlust ist zu ersetzen.

Dies sind vielerlei Indicationen, die sich allein oder vorwiegend aus ätiologischen Momenten ergeben. Da wir aber nicht die Cholera, sondern an Cholera leidende Menschen zu behandeln haben, so kommen noch symptomatologische Indicationen hinzu. Die Schmerzen im Epigastrium und den Muskeln erfordern warme Umschläge oder Einwickelungen, oft Morphium. Das Erbrechen fördert zwar, wie Alt ermittelt zu haben scheint, Gift aus dem Körper. Aber dieser Weg ist zur Entgiftung des Körpers nicht ausgiebig genug, und er ist subjectiv höchst unangenehm, weil er die Ernährung und die Zufuhr von Getränken und Medicamenten sehr erschwert und bisweilen unmöglich macht. Wir werden also versuchen, die Entgiftung auf anderen

Wegen zu erreichen, und das Erbrechen zu stillen. Soweit dies nicht durch Regelung der Diät möglich ist — worin meine Frau ausserordentliche Erfolge erzielte, die jede Medication überflüssig machten — kann man durch Cocaïn in Tropfen und durch Codeïnsuppositorien, die zugleich gegen den Tenesmus treffliche Dienste leisten, das Erbrechen erfolgreich bekämpfen.

Heisse Bäder von 32—34° und warme Bäder von 28—30° thun vielen Individuen sehr wohl und bekämpfen bis zu einem gewissen Grade das Kältegefühl, heben vorübergehend das Allgemeinbefinden, aber sie müssen sehr genau individualisirt werden. Einwickeln in gut ausgerungene, also nur feuchte, möglichst warme Bettlaken und darüber Einpacken in wollene Decken leistet ebenfalls gute Dienste und ist in der Privatpraxis durchführbar. Ueber einige andere Punkte cf. III. Theil. Im typhoiden (comatösen) Stadium sind prolongirte warme Bäder mit kalten Uebergiessungen vorzuziehen.

Die von Cantani empfohlene heisse gerbsaure Enteroclyse hat sich mir als eine treffliche Unterstützung erwiesen. Die ursprüngliche Idee Cantani's, dass die Gerbsäure die Kommabacillen tödtet, wurde später dahin modificirt, dass die Gerbsäure das Toxin bindet, was Scholl direct nachgewiesen hat. Da aber die Enteroclyse wohl nur in seltensten Ausnahmefällen über die Ileocoecalklappe hinüberreicht, im Dickdarme aber bereits, wie ich nachgewiesen habe, an sich schon ein massenhaftes Absterben der Kommabacillen und Unschädlichmachen des Giftes stattfindet, so dürfte dieses Verfahren kaum ätiologisch, sondern vorwiegend symptomatologisch in Betracht kommen. Dasselbe entfernt viel Materia peccans und hält die Ausscheidung aus dem Darm in Gang, indem es sie gleichzeitig regelt und der Zahl nach beschränkt. In Zukunft würde ich, nach dem dritten Tage etwa, vorziehen, die heisse gerbsaure Enteroclyse grosser Mengen durch kleinere kühle Eingiessungen zu ersetzen, die die Muscularis stärken und nicht erschlaffen machen.

Alle übrigen Methoden, auch wenn sie ursprünglich in anderem Sinne eingeführt waren, lassen sich unter ätiologischen Gesichtspunkten betrachten. Stets kehren bestimmte Dinge wieder und zwar einmal gewisse Darmantiseptica wie Calomel und Wismuth und dann Infusionen. Irgend etwas dürfte deshalb wohl an diesen Dingen sein und es gilt vielleicht nur diese Methoden besser auszuarbeiten. Das schlimmste ist hierbei das Fehlen eines Tertium comparationis. Wir wissen nicht, wie gross die natürliche Mortalität der einzelnen Stadien ist und ob man die Ermittelungen anderer Epidemien ohne Weiteres mit denen der jetzigen Epidemie vergleichen darf.

Die Durchschnittsmortalität in Hamburg betrug diesmal ca. 42 pCt., die von Altona aber 61 pCt., also bei derselben Choleraepidemie ganz verschiedene Grundlagen, die aber den Ermittelungen im Krankenhause nicht zum Vergleiche dienen können. In den Krankenhäusern in Hamburg, die bereits in der schweren Zeit benutzt wurden, dürfte der Durchschnitt zwischen 45 und 55 pCt. schwanken, so weit die bisherigen Angaben urtheilen lassen. Mit solchen Zahlen ist aber statistisch noch nichts anzufangen, weil wir die natürliche Mortalität der einzelnen Stadien kennen müssen; in früheren Epidemien betrug diese im asphyctischen Stadium 75—80 pCt. Einzelnen Atheilungen, wie den Baracken, aber auch meiner Abtheilung, wurden nach Anordnung der Direction vorwiegend schwere Fälle zugewiesen; ich habe direct um einige leichte Fälle bitten müssen. Die einzelnen Abtheilungen erfordern also schon eine verschiedene Vergleichszahl. Eine weitere Bestimmung ist die der Schwere des Falles. P. Guttmann meinte, dass leichte Fälle unter jeder Therapie heilen, aber er rechnet dazu nur Fälle, in denen sicher keine Anurie bestand, während in Hamburg diese Bestimmung lediglich nach dem ersten subjectiven Eindrucke gemacht wurde. Unter meinen Fällen, in denen die mir zugetheilten Herren Assistenzärzte nach dem im allgemeinen Krankenhause üblichen Verfahren den Grad der Schwere bestimmt hatten, habe ich Fälle, die trotz vollständiger Anurie als leicht bezeichnet sind und einige, in denen trotz nie unterbrochener Urinsecretion die Diagnose schwer gestellt war. Nach meinem subjectiven Eindrucke von über 100 genau beobachteten Fällen, schliesse ich mich Guttmann an, nachdem ich wiederholt gesehen habe, dass angeblich leichte Fälle, aber mit Anurie, ganz plötzlich die gefürchtete, auf eingetretene Intoxication deutende Farbenveränderung zeigten und schwer wurden, während einige Fälle, die in Folge vorausgegangener Entbehrungen und langen Transportes bei der Aufnahme einen schweren Eindruck machten, nach einigen Stunden schon sich gut anliessen, wenn die Urinsecretion bestand.

Eine scharfe Grenze der einzelnen Stadien und Fälle giebt es nicht, so dass es auch etwas höchst gleichgültiges ist, ob man 3 oder 5 oder mehr Stadien unterscheidet. Drei Stadien dürften vollständig zur Verständigung genügen und ich will deshalb die Fälle reiner Diarrhoe als leichte, die mit gleichzeitiger Anurie als mittlere, und die typischen asphyktischen als schwere bezeichnen. Ob man die Nachkrankheiten unter dem Namen des typhoiden Stadiums zusammenfasst, oder dabei mit Rumpf septische und comatöse Formen trennt, berührt das wichtigste, das ätiologische Princip nicht. Das Typhoid der älteren, namengebenden Periode umfasst klinisch bereits zum Theil den jetzigen Begriff des Coma und das Coma im neueren Sinne dürfte vielfach auf Intoxication vom Darme her zu beziehen sein, so dass sich dieser Begriff bei seiner eigenen ätiologischen Unklarheit wenig zur correcten Bezeichnung eignet. Im typhoiden Stadium handelt es sich um ganz heterogene Processe, um Intoxicationen verschiedenster Art und um Nachkrankheiten infectiöser Art, die noch zu wenig studirt sind.

In der Idee, die gegen Säure empfindlichen Kommabacillen im Magen durch Säure zu tödten, ist Salzsäure prophylactisch empfohlen worden worden, ein Vorgehen, an dem nur die Zahnärzte nichts auszusetzen haben dürften. Medicamentös wurde gegen die ausgebrochene Krankheit dieselbe Säure und auch Schwefelsäure gegeben. Die Mineralsäuren sind insofern angezeigt, als sie bei der vorhandenen Blutzersetzung und Neigung zu Hämorrhagien auch nebenbei roborirend wirken könnten. Der Erfolg entsprach den Erwartungen nicht. Auch die arsenige Säure hat sich nicht so bewährt, wie ich deshalb erwartet hatte, weil diese Säure specifische Beziehungen zum Darmepithel hat. Milchsäure und Gerbsäure per os gegeben, scheinen auch nicht zu helfen. Dagegen lässt sich bestimmt sagen, dass die dieser ganzen Art des Vorgehens zu Grunde liegende Idee, den Darminhalt sauer zu machen, der wichtigen Aufgabe, nicht zu schaden, nicht entspricht. Tödten wir vielleicht auch durch die Säure Kommabacillen, wenn die Säure in genügender Menge in das Ileum kommt, so schaffen wir damit aber auch andererseits Bedingungen, die dem Darmgewebe direct schädlich sind. Die Darmwand ist aber bereits so schwer geschädigt, dass man sich hüten soll, sie noch mehr zu schädigen. Im Gegentheil sollen wir trachten, die Medication so einzurichten, dass sie bei der Reaction vor sich geht, auf die der Darm eingerichtet ist, bei der alkalischen, und dass nie mehr Säure vorhanden ist, als durch Toxin sofort gebunden werden kann.

Nach diesen einfachen, klaren Ueberlegungen handelt es sich für einen naturwissenschaftlich denkenden Arzt darum, Heilmittel zu beschaffen, die den Magen passiren und erst im Dünndarm, hier aber auch sicher zur Wirkung kommen. Diese Mittel müssen desinficiren, d. h. die im Darme vorhandenen gefährlichen Mikroparasiten in ihrer Wirkung hemmen und vernichten, aber sie müssen dies in so geringen Mengen thun, dass eine Schädigung des Darmes selbst und, nach der Resorption, auch der Nieren vermieden wird. Die innere Antisepsis muss sich im Sinne einer specifischen Wirkung entfalten, d. h. während im Allgemeinen die Antiseptica so heftige Protoplasmagifte sind, dass sie dem menschlichen Protoplasma gefährlicher sind als den Bakterien, müssen die Darmantiseptica in den erforderlichen Mengen gegen die betreffenden Bakterien sicher wirken, ohne, wenigstens in den hierzu erforderlichen Maximalmengen, die Körperzellen zu schädigen. Dass dieser Weg möglich ist, habe ich 1886 zum ersten Mal gezeigt, als ich die relative Verträglichkeit der Orthophenolsulfosäure für den Menschen ermittelte, die gegenüber den Bakterien wirksamer ist als das den menschlichen Organen schädlichere Phenol.

Solche Untersuchungen sind aber sehr mühselig und zeitraubend, da sie neue chemische Synthesen erfordern, die nach ganz bestimmten chemischen und physiologischen Gesichtspunkten versucht und ausgeführt werden müssen, da sie bakteriologische und toxicologische Versuche, aber auch therapeutische Versuche an Thieren erfordern, ehe man dazu kommt, die Versuche am gesunden und dann am kranken Menschen zu machen. Gegenüber der jetzt oft zu hörenden Idee, dass die specifische Heilung der Infectionskrankheiten nur durch specifische Lymphen, d. h. nur auf dem homöopathischen Wege zu erzielen sei, möchte ich als Naturforscher doch nachdrücklich vor dieser Einseitigkeit warnen.

Es handelt sich stets um Wirkungen auf Protoplasma, die sich auch in therapeutischer Hinsicht nach den von H. Schulze und mir ermittelten biologisch-therapeutischen Grundgesetzen abspielen. Ob derartige Reizwirkungen aber durch heterologe oder homologe Körper, in specie also durch Chemikalien oder Lymphen vortheilhafter zu erreichen sind, kann nur Gegenstand von Specialuntersuchungen sein. Gerade weil ich selbst mit H. Schulze die allgemeine biologische Berechtigung einer gewissen homöopathisch-bakteriologischen Betrachtungsweise erwiesen habe, darf ich auch vor Einseitigkeiten in dieser Richtung warnen. Die organische Synthese wird uns ganz zweifellos noch viele Körper kennen lehren, die therapeutisch grösste Bedeutung gewinnen, auch für die Bekämpfung und Heilung der Infectionskrankheiten.

Aus diesem Grunde verstehe ich auch nicht, wie man über die Einführung neuer chemischer Präparate in die Therapie a priori schroff aburtheilen kann. Die hierdurch sich ergebende Gefahr der Polypragmasie, des zu vielen und kritiklosen Thuns und Verschreibens, ist doch viel älter und wurde der Schulmedicin stets zum Vorwurfe gemacht und schon zu einer Zeit, als die moderne chemische Industrie überhaupt noch nicht existirte. Billigerweise darf man bei der Beurtheilung auch die geschäftliche Seite der Tuberkulinfrage und der französischen Vaccins nicht ganz ignoriren. In einer Zeit des Ringens nach neuen Vorstellungen und Methoden sind aber Irrthümer nicht zu umgehen und es ist unberechtigt, die Fehler nur auf Seite der Industrie zu suchen und an unsere anerzogenen Fehler ärztlicher Art nicht zu denken. Der biologisch denkende Arzt wird auch dem Uebermaasse neuer Mittel gegenüber den richtigen Weg finden. Wer freilich als Student Biologie und Hygiene nur treibt, weil und so weit er sie zum Examen gebraucht, wird als Arzt wohl oft nicht über das Stadium des Receptschreibens hinauskommen. In einer besseren biologischen und hygienischen Schulung der Aerzte liegt zu allen Zeiten und überall die sicherste Gewähr gegen die gefährliche Polypragmasie jeder Form.

Die früheren Versuche, Medicamente, ev. also Antiseptica, durch bestimmte Einhüllungen in den Darm selbst zu bringen, waren gescheitert, und man musste deshalb an solche Körper denken, die in ihrer chemischen Constitution selbst die Gewähr bieten, den Magen unzersetzt zu passiren und erst im Darm in Wirksamkeit zu treten. Dieser Weg wurde erst durch S a h l i und mich betreten. S a h l i hatte zu diesem Zwecke das S a l o l allgemein in die Therapie eingeführt und dabei auch die Möglichkeit seiner Anwendung gegen Cholera erwähnt. Das von N e n c k i und S c h m i t t entdeckte Salol ist eine ätherartige Verbindung von Salicylsäure und Phenol; dasselbe passirt den Magensaft unzersetzt und wird erst im alkalischen Darminhalt durch das Alkali und wohl auch durch die Darmenzyme in seine wirksamen Componenten Salicylsäure und Carbolsäure gespalten, die also am bedrohten Orte in statu nascendi in Wirksamkeit treten. Aus diesem letzten Grunde hatte ich selbst, ohne von Sahli's Empfehlung gegen Cholera etwas zu wissen, das Salol als ersten, der neuen Indication gegenüber theoretisch geeignet erscheinenden Körper zur Darmantisepsis bei Cholera zum Versuche empfohlen. Löwenthal, der Sahli's und meine Mittheilung kannte, aber verschwieg, hat dann das Salol nochmals, aber sofort als das gesuchte Specificum empfohlen und dabei so grosse Mengen zu geben gerathen, dass eine Carbolvergiftung fast unvermeidlich ist. Neben dieser Gruppe von Körpern habe ich aber noch eine zweite, bis jetzt ganz unbeachtete Klasse von Verbindungen als möglicherweise brauchbar erwähnt, die in anderer Weise wirken, nämlich derart, dass sie den saueren Magensaft unzersetzt passiren, aber im alkalischen Dünndarm als solche zur Wirkung gelangen. Als Typus dieser Kategorie bezeichnete ich damals schon das Tribromphenol Später gelang es durch Combinationen verschiedener Körper die Zahl der Möglichkeiten wesentlich zu erweitern.

Durch Vermittelung meines Freundes Barclay in Indien gelang es mir, eine Anzahl indischer Aerzte zur Anwendung des Salols zu bewegen. Die Resultate entsprachen nur zum Theil den Erwartungen. Immerhin ergab sich das eine, dass in leichten und mittleren Fällen das Salol ganz vorzügliche Dienste leistete und die Mortalität damit geringer wurde. Aber das Mittel hatte ein Bedenken gegen sich, welches in Indien grössere Versuchsreihen zunächst verhinderte; es ist ein Pulver und die Indier wollen flüssige Arzneimittel. Es gelang nun diese Schwierigkeit durch Darstellung eines flüssigen Salols zum Theil zu beseitigen. Merkwürdigerweise scheint man hiervon in Hamburg gar keine Kenntniss gehabt zu haben, da mein Hinweis darauf so verstanden wurde, als ob ich gerathen habe, das Salol in Aether zu lösen und subcutan zu geben. Das letztere, dem Salolprincip direkt zuwiderlaufende Verfahren hatte man in Hamburg nämlich angewendet, als die Verabreichung von Salol in Pulverform auf Schwierigkeiten stiess. D. D. Cunningham glaubte, dass die vorzüglichen Leistungen, die das Salol in vielen Fällen der Cholera in Indien zweifellos hatte, aber auch das negative Resultat in anderen Fällen dadurch zu erklären seien, dass bei Cholera verschiedene Arten von Kommabacillen vorkommen und dass das Salol nur gegen einzelne Arten wirksam sei. Die mir zu Gebote stehenden Versuche aus Indien sprechen aber mehr dafür, dass das Stadium entscheidet und dass das Salol überhaupt noch nicht das gesuchte Specificum ist, sondern dass es generell als gutes Antisepticum durch seine Componenten auch gegen Cholerabakterien unter Umständen wirksam ist.

Als ich mit Kenntniss dieser, mit der nöthigen Ruhe festgestellten Thatsachen in Hamburg ankam, war ich deshalb etwas überrascht, dass man in der Anfangsperiode des höchsten Krankenzuganges, als zu strengen Prüfungen gar keine Zeit war, innerhalb 8 bis 10 Tagen zu einem vollständig absprechenden Urtheil über das Salol gelangt war. Vom Krankenhause ausgehend nahm die Sache bei einigen praktischen Aerzten sogar die Form an, dass sie vor dem gefährlichen Salol warnten! Dass diese Ansichten unreif und überstürzt waren und dass die wirklichen und mit der nöthigen Ruhe und Zeit unternommenen Versuche ein ganz anderes Resultat, ähnlich dem in Indien gewonnenen, gaben, zeigte auch in Hamburg der Verlauf der Choleraepidemie. Der bei weitem hervorragendste Kliniker Hamburgs, Dr. Eisenlohr, sprach sich später genau so, wie ich es oben angegeben, für bestimmte Kategorien von Fällen sehr befriedigt über die Resultate der Salolbehandlung aus. Aehnliche günstige Erfahrungen hatte Dr. Hahn in Astrachan gewonnen. Trotzdem empfehle ich das Salol nicht mehr; für mich ist es ein Körper, der die Realisirbarkeit der Methode in der Praxis erwiesen hat, der aber durch Körper überholt ist, die viel mehr im Sinne specifischer Wirkungen gegen die Kommabacillen zur Geltung kommen.

Die günstigen Erfahrungen über Kresole als Desinfectionsmittel hatten mich veranlasst, Kresole und später noch andere Körper in Salolform darstellen zu lassen. Für diese ebenso zeitraubenden wie kostspieligen Versuche bin ich Herrn Dr. Trommsdorff in Erfurt, der Chemischen Fabrik auf Aktien in Berlin und vor Allem Herrn Dr. Kolbe in Radebeul zum grössten Danke verpflichtet. Besonders wurden noch ausserdem Naphtole und verschiedene Sulfosäuren der Phenole, Brom- und Chlorphenole, theils als solche, theils in Salolform, theils nach neuen patentirten Verfahren in Verbindung mit Wismuth dargestellt und eingehend auf Giftwirkung gegenüber Thieren und Menschen, auf antiseptische Wirkung und auf specielle Wirkung gegen die Kommabacillen geprüft. Da manche dieser Körper, wenn sie auch gegen die Kommabacillen nicht genügend wirksam waren, doch gegen andere Bakterien wirksam waren, also vielleicht im Sinne specifischer Wirkungen gegen andere Darmparasiten brauchbar sind und die Kenntniss der Giftwirkungen vielleicht vor Missgriffen warnen kann, so sollen diese Versuche in extenso im Archiv für Hygiene mitgetheilt werden. Von den bis jetzt darauf geprüften Darmantisepticis erwies sich das Tribromphenol gegen die Kommabacillen relativ am leistungsfähigsten, d. h. die Wirkung näherte sich nach den aseptischen, antiseptischen und den Thierversuchen beurtheilt einer specifischen Wirkung gegen die Cholerabakterien. Dabei war die Giftigkeit so gering, dass die zum Erfolge nöthige Menge um mehr als das 4 bis 5 fache überschritten werden konnte, ohne Vergiftung zu befürchten, während die anderen Körper zum ganz sicheren Erfolge gegenüber den Cholerabakterien öfters eine bedenkliche Annäherung oder selbst ein Ueberschreiten der Giftgrenze nöthig machten. Die Nieren blieben auch bei grossen Mengen Tribromphenol ganz intact und der Körper erschien als solcher im Urin. Bei den Versuchen an gesunden und an einfacher Diarrhoe leidenden Menschen, die zuerst gemacht wurden, zeigte sich, dass das einfache Tribromphenol bisweilen das Gefühl der Rauhigkeit und eines gewissen Unbehagens bewirkte. Um dies zu vermeiden wurden zwei isomere Tribromsalole dargestellt, von denen das eine diese Uebelstände nicht zeigte. Am zuverlässigsten wirkte jedoch das neue Tribromphenol-Wismuth, dessen antiparasitäre Eigenschaften die grössten waren, und dessen Wismuth sicher ausserdem so wirkt, dass es einen Theil des Choleragiftes bindet und die entblösste Darmschleimhaut mit einer schützenden Decke überzieht. Weit weniger wirksam waren den Kommabacillen gegenüber, nach deren Wirksamkeit geordnet, Naphtol-Wismuth, Alphol und Betol d. h. Naphtol-Salole und Naphtol, dann Kresalole, dann erst kam das eigentliche Salol. Am wenigsten leistete die Sozojodolsäure und deren Salze, von denen nur das Quecksilbersalz genügend wirksam war, aber nicht in dem Maasse, wie das Tribromphenol, so dass es bei seiner grossen Giftigkeit nicht in Betracht kam. Diese grosse Giftigkeit, d. h. besonders die Fähigkeit, bei den zum sicheren Erfolge nöthigen Mengen oft schon im Darm schwere Localerscheinungen zu machen, hatte in den Versuchen auch das Calomel gegen sich. Unter Berücksichtigung aller in Betracht kommenden Momente entsprach unbedingt das Tribromphenol und zwar am besten als Tribromphenol-Wismuth den Erwartungen und erst in zweiter Linie, aber entschieden erst nach dem Tribromphenol, kam Calomel. Während man aber die Dosirung des Calomel längst genau kannte, musste das Tribromphenol erst vorsichtig geprüft werden, da es sich um an Cholera leidende Menschen handelte.

Ueber meine Versuche hat Herr Rumpf, der nicht ein einziges Mal mit mir über meine Versuche gesprochen hat und sich seine Belehrungen stets aus zweiter und dritter Hand verschaffte, und deshalb die Gründe zur Auswahl der verschiedenen Fälle gar nicht kannte, mitgetheilt: „Die leichten Fälle genasen, die mittelschweren, welche als Prüfstein dienen konnten, gingen zu Grunde.“ Das ist in Bezug auf die mittleren Fälle vollständig unrichtig und von den schweren Fällen erwähnt er gar nichts. Es war deshalb von mir vorsichtig, dass ich die Bezeichnung der Schwere der Fälle von den Herren Assistenzärzten conform dem Usus der anderen Abtheilungen des neuen allgemeinen Krankenhauses hatte machen lassen.

Eine Schwierigkeit eine Anzahl reiner Fälle zu bekommen, lag darin, dass vielfach die Infusionen etwas gedankenlos gemacht wurden; ich habe in meinen Aufzeichnungen und Krankengeschichten sogar angeblich leichte und mittlere Fälle, die mit Infusionen behandelt waren, wodurch natürlich die reine Beob achtung getrübt wurde. Besonders seitens der den Nachtdienst thuenden Aerzte wurden öfters Infusionen in Fällen gemacht, wo sie hätten unterbleiben sollen. Ich finde als mittelschwer und selbst leicht Fälle bezeichnet, die nicht nur wegen Wiederholung der Infusion, sondern auch wegen des ganz acuten Verlaufes unbedingt von Anfang an schwer gewesen sein müssen; in einem Falle (26) lag ganz offenbar eine Verwechselung von *L* (leicht) und *S* (schwer) vor. (Die eingeklammerte Zahl bezieht sich auf mein Privatverzeichniss.) Meine unmittelbaren Aufzeichnungen mussten fast in jedem Falle die Daten der Krankenzettel ergänzen, in denen vielfach nichts von Anamnese sich befindet und die Bezeichnung der Schwere oft erst nachträglich zugefügt war. Die Ueberlast entschuldigt darin vieles, aber es ist immerhin unangenehm.

Die leichten Fälle, d. h. die Fälle reiner Diarrhoe ohne Nierenaffection, ohne Anurie sollen nach P. Guttmann bei jeder geeigneten Therapie heilen. Ueber diese gebrauche ich deshalb nichts weiter zu sagen, als dass sie bei der Verabreichung von Tribromphenol glatt und ohne jede Complication heilten, indem die Diarrhoe, nachweisbar durch Beseitigung der Ursache, mehr und mehr abnahm und dadurch eine Intoxication verhütet wurde. Aus diesem Grunde ist es überhaupt nöthig, auch die leichten, aber sicheren Cholerafälle von Anfang an zweckentsprechend zu behandeln, da sie sonst, wie in Hamburg vielfach vorgekommen ist, plötzlich, meist mit Eintreten der Anurie sich verschlechtern und dadurch schwer und oft unheilbar werden.

Das Opium scheint durch Behindern der Ausscheidung der Bakterien und Gifte oft direct schädlich zu wirken. Ich wüsste nur noch einen Fall zu nennen, wo ich es allenfalls anwenden würde, wenn nämlich der Durchfall ganz übermässig ist und es subjectiv geboten ist, die Zahl der Stuhlgänge schnell auf ein zuträglicheres Maass herabzusetzen. In der Regel ist es zweifellos richtiger, die Choleradiarrhoe durch Beseitigung der Ursache zu bekämpfen. Das leistet Tribromphenol, am besten als Wismuthsalz sicher, dann folgt Calomel, während Naphtol, auch als Wismuthsalz, und die übrigen obengenannten Verbindungen an diese beiden Körper nicht heranreichen.

Ich gebe pro die 5—7 gr bei Erwachsenen; wenn die Nachtwache richtig geschult ist, ist es am Vortheilhaftesten, am am Tage das erste Mal 1 gr zu geben, 4 gr über den Tag in Dosen von 0,5 gr zu vertheilen und Nachts 1—2 gr in Halbgrammdosen zu geben, wenn der Patient wach wird. Diese Dosis bleibt 2—5 Tage, dann geht man herunter.

Von mittelschweren Fällen, die als solche besonders bezeichnet waren und bei denen ausdrücklich stets schon Symptome der erfolgten Vergiftung vermerkt waren, habe ich nur 6 (No. 4, 7, 8, 11a, 32, 47) rein mit Tribromphenol behandelt; von diesen starb einer (4), den ich noch kurz anführen muss. Dies entspricht einer Mortalität von 16,6 pCt. Wenn ich aber nach den oben gegebenen Anhaltspunkten scheinbar subjectiv leichte Fälle, die alle zweifellos Anurie hatten, auch zu den mittelschweren rechne, wie das überall geschieht, so kommen noch 5 Fälle (No. 12, 18, 41, 44, 46) hinzu. Dies sind dann 11 mittelschwere Fälle mit einem Todesfalle oder einer Mortalität von 9 pCt. In allen Fällen trat die Urinsecretion verhältnissmässig schnell wieder ein.

Im schroffen Gegensatz zu den auf unrichtigen Informationen beruhenden Angaben von Herrn Rumpf sind also die mittelschweren Fälle nicht zu Grunde gegangen, sondern in sehr erfreulicher Weise am Leben geblieben und keiner dieser von Anfang an nach meiner Methode behandelten Kranken erfuhr eine Complication; alle wurden glatt geheilt, bis auf den einen Fall (No. 4), der aber klinisch eine ganz vereinzelt gebliebene Ausnahme darstellt, wie ich sie während der ganzen Epidemie nicht wieder gesehen habe. Der betreffende Kranke war in sichtlicher Besserung begriffen, die Urinsecretion vollständig in Gang, Haut normal, Puls voll etc., so dass er bereits ausser aller Gefahr schien. Ohne dass irgend welche Zeichen der Cholera-Intoxication hinzutraten, trat plötzlich am 8. Krankheitstage Parese der rechten unteren Extremität ein und unter apoplectischen Erscheinungen erfolgte der Tod einige Stunden später. Diese Symptome waren bei den übrigen Erscheinungen nicht als acute Cholera-Intoxication im gewöhnlichen Sinne zu deuten und es wurde deshalb eher vermuthet, dass eine besondere Empfänglichkeit gegenüber dem Gifte vorlag, die in Form einer Gehirnhämorrhagie zur Entwickelung gekommen war. Die Section war nach dieser Hinsicht ganz negativ. Dagegen ergab sich, dass die Nieren fast intact, oder richtiger wohl bereits wieder ausgeheilt waren. Während in den anderen Fällen der therapeutische Erfolg nur nach Culturen aus dem Stuhl beurtheilt werden konnte, die aber kein so sicheres Urtheil gestatten, konnten in diesem Falle auch Culturen aus dem Darminhalt angelegt werden. Trotz makroskopisch viel versprechenden Aussehens des unteren Theils des Ileum fielen dieselben vollständig negativ aus, während ich in diesem Stadium bei gleich aussehendem Darme bei den nicht oder nur mit Infusion behandelten Fällen stets reichlich entwickelungsfähige Kommabacillen hatte nachweisen können. Das Tribromphenol hatte also seine Schuldigkeit gethan und es lag ein Fall vor, der streng genommen aus der Statistik hätte fern bleiben müssen. Trotz des Todes spricht demnach dieser Fall entschieden dafür, dass meine Therapie in den mittelschweren Fällen von entschiedenem Erfolge ist und ganz entschieden mehr leistet, als die anderen in Hamburg zur Anwendung gekommenen Methoden.

Bei den schweren Fällen der reinen Intoxication, d. h. im asphyktischen Stadium, handelt es sich dagegen in erster Linie darum, das bereits ausserhalb des Darmes im Körper selbst befindliche Gift zu binden oder unschädlich zu machen. Die Bekämpfung der Giftbildner im Darm hat hier nur den Zweck, die weitere Giftbildung und damit die etwaige cumulirende Wirkung des fort und fort resorbirten Giftes bei behinderter Ausscheidung zu verhüten, damit der Körper Zeit gewinnt, das bereits resorbirte Gift mit Hülfe seiner noch intacten Gewebe zu bewältigen. Da Fälle dieser schweren Art bis zu 20—25 pCt. von selbst heilen, muss der Körper oft mit recht beträchtlichen Giftmengen fertig werden können. Vielleicht liesse sich die Zahl dieser günstigen Fälle vermehren — wenn man auch der ersten Indication, d. h. der Beseitigung des schon resorbirten Giftes noch nicht mit Sicherheit genügen kann — dadurch, dass man auch in den schweren Fällen die Vernichtung der Kommabacillen im Darm anstrebt und damit der weiteren Giftbildung entgegen arbeitet. Die Zahl der reinen Fälle, über die ich verfüge, ist dadurch klein geworden, dass ich durch den subjectiven Eindruck der intravenösen Infusionen veranlasst und verleitet, vielfach, besonders anfangs, in den schweren Fällen die Infusion allein oder gleichzeitig anordnete, oder dass die Nachtwache nach ihrem Befunde die nicht gewollte Infusion ausführte. Von den schweren Fällen, bei denen in dieser Weise Infusionen und Tribromphenol in Aussicht genommen war, starb z. B. No. 37 ehe überhaupt etwas gemacht werden konnte; andere starben bald nach der Infusion, ehe das Medicament gegeben war, z. B. 6, 10, 36, 48; in anderen dieser Fälle (No. 2, 27, 35, 42) machte das schwere Erbrechen die sofortige Verabreichung des Medicamentes unmöglich und der Tod trat trotz der Infusionen ein, ehe dieser Uebelstand behoben war.

Es blieben mir nur 9 Fälle, in denen trotz der Schwere und Reinheit der Intoxication, zu der kein Symptom des asphyktischen Stadiums fehlte, nur Tribromphenol gegeben wurde (No. 1, 3, 5, 8, 11, 26, 30, 33, 43). Von diesen Fällen, die Herr Rumpf überhaupt nicht erwähnt, wurden geheilt 5 und starben 4, d. h. die Mortalität betrug 44,4 pCt. Bis auf einen Fall erfolgte die Heilung glatt; in diesem Falle hatten sich Zeichen von Lähmung der Armmuskulatur und der Darmmuskulatur eingestellt, die auf Strychnin zurückgingen. Die Urinsecretion war in allen Fällen relativ schnell eingetreten. Bei den Sectionen waren die Culturen aus dem Darminhalt negativ und die Nieren waren auffallend wenig — Ausdruck der secirenden Herrn! — verändert im Vergleiche zu den Fällen gleichen Stadiums, die nicht oder nur mit Infusion behandelt waren. In dem einen Falle (5) ergab die bald nach dem Tode vorgenommene Section fibrinöse Pneumonie des rechten Unterlappens, die sich im Anschlusse an ein sonst meist günstig beurtheiltes, auch von mir in mehreren Fällen beobachtetes Exanthem, unter gleichzeitigem Auftreten schweren Comas entwickelt hatte, hämorrhagisches Exsudat in der Pleurahöhle, bronchopneumonische Herde im linken Ober- und Unterlappen mit Hämorrhagien; die Zeichnung von Leber, Milz, Niere war ganz verwaschen und die Schnittfläche stark ödematös; in der Milz waren kleine necrotische Herde. Es lag also eine erschwerende Complication und Nachkrankheit vor.

Zu diesen 9 Fällen darf ich noch 2 hinzufügen, in denen zwar Infusionen gemacht waren, die aber gar keinen Einfluss auf den Verlauf hatten; von diesen starb einer (34), während der andere (45) genas. Hiernach kann ich zur Beurtheilung der Wirkung des Tribromphenols in den schweren Stadien 11 Fälle mit 5 Todesfällen verwerthen, woraus sich eine Mortalität von 45,4 pCt. ergiebt. Trotz der verhältnissmässig geringen Zahl lässt sich bei dem auffallend günstigen Ergebniss der Sectionen in Bezug auf die Nieren und bei den culturellen Ermittelungen sagen, dass diese Methode selbst in den schweren Fällen, für die ich sie nie als allein geeignet gehalten habe, recht befriedigendes leistet, so dass ich sie als Ergänzung der Infusion für werthvoll halte. Die geringe Zahl dürfte wohl dadurch etwas ausgeglichen sein, dass alle Fälle mit allen Hülfsmitteln von Anfang an beobachtet sind.

Anhangsweise muss ich noch 3 Fälle besprechen, die an Pneumonie zu Grunde gingen; es hatte sich dabei, wie die Cultur ergab, auch ätiologisch um typische fibrinöse Pneumonie gehandelt, also um eine wirkliche Nachkrankheit. Dass die Cholera hierauf begünstigend wirkte, wie in anderen Fällen andere schwächende Einflüsse, ist sicher. Aber in zweien dieser Fälle (24, 40) war bei der Section die Niere fast ganz ausgeheilt und die Schwere der Veränderungen gar nicht zu vergleichen mit den schweren Nierenbefunden gleicher unbehandelter Stadien, und die Cultur auf Kommabacillen war ganz negativ, und zwar beides in Uebereinstimmung mit dem Krankheitsverlaufe. Das sind also zweifellose Heilungen von Cholera und insofern sind auch diese Fälle, trotz des anderweitig verursachten Todes zur Beurtheilung der Methode geeignet. Von diesen Fällen war der eine (40) von Anfang an, der andere (24) erst später mit

Tribromphenol behandelt. Der dritte dieser Fälle (25) betraf ein junges Mädchen, welches bei der Ankunft mit Infusion behandelt war und dessen Krankheit nach der Ansicht des Assistenzarztes typisch günstig verlief, wie nach der damaligen Ansicht viele derartigen Fälle. Ich hielt mich deshalb für verpflichtet, diesen Fall ruhig zu beobachten, expectativ zu behandeln, wie wir das euphemistisch nennen. Plötzlich trat, ohne dass der Process inzwischen ganz aufgehört hätte, eine Exacerbation oder ein Recidiv mit sehr heftigen Diarrhoen auf. Es wurden am 8. Krankheitstage wieder Infusionen gemacht und erst jetzt, als die Diarrhoen gar nicht nachliessen, gab ich am 9. Tage Tribromphenol-Wismuth. Der Erfolg entsprach in Bezug auf die Herabsetzung der Durchfälle den Erwartungen. Aber am 13. Tage trat Pneumonie auf und am 15. Tage erfolgte der Tod. Die Section ergab fibrinöse Pneumonie, aber die Nieren zeigten mit den höchsten Grad der Veränderung, den ich überhaupt gesehen habe, stark verbreiterte Randparthie, fettige Degeneration neben den gewöhnlichen Epithelveränderungen, das Nierenbecken zeigte auffallend viele punktförmige Hämorrhagien. Culturen der Kommabacillen aus dem Darm waren negativ. Es ist für mich zweifellos, dass die Hämorrhagien und Nierenveränderungen nur deshalb diesen hohen Grad erreichten, weil anfangs keine Therapie eingeleitet war, die vom Darm her die Kommabacillen und Giftbildung beeinflusste, so dass die hierauf gerichtete Therapie viel zu spät kam, nachdem das Tag für Tag resorbirte Gift seine Wirkung hatte äussern können. Der Fall ist für mich eine Warnung, leichte oder scheinbar leichte Fälle unbehandelt zu lassen.

Wenn ich diese 3 Fälle noch zu den 11 hinzurechne, so kann ich entweder die ersten 2 als sicher von Cholera geheilt betrachten, dann handelt es sich um 14 Fälle von Cholera mit 6 Todesfällen an Cholera, also um eine Cholera-Mortalität von 42,9 pCt. Oder ich rechne die 3 Fälle der Cholera zur Last, so erhalte ich bei 14 Fällen 8 Todesfälle, d. h. eine Mortalität von 57,1 pCt., ein für das asphyktische Stadium immerhin noch sehr günstiges Resultat, wie es bis jetzt bei keiner Methode erreicht wurde.

Eine unmittelbar gegen das resorbirte und im Körper kreisende Gift gerichtete Medication besitzen wir noch nicht. Hieraus erklärt es sich wohl auch, dass die momentanen Erfolge der Infusion mehr blenden, als Endgültiges leisten.

Hatte man sich in Hamburg anfangs über das Salol zu ungünstig ausgesprochen, so war man den Infusionen gegenüber in den entgegengesetzten Fehler verfallen. Das wird aber begreiflich, wenn man die meist wunderbaren Anfangserfolge sieht. Schon nach Einlaufen von etwa 400 ccm werden die bisweilen kaum hörbaren Herztöne deutlicher, der Puls wird fühlbar, langsamer, regelmässiger; die Athmung wird ruhiger und tiefer; der Turgor der Haut kehrt zurück und ihre graublaue Färbung macht einer mehr röthlichen Färbung Platz, die Cyanose der Schleimhäute weicht normaler Röthe; die Augäpfel stellen sich wieder normal ein und die halb geschlossenen Augen werden geöffnet. Der Kranke erwacht wie aus tiefer Ohnmacht oder wie aus tiefem Schlafe, die Somnolenz verschwindet und er vermag klare Auskunft zu geben, verlangt freiwillig nach Essen oder Trinken; die Stimme ist weniger heiser als vorher. Schmerzen werden wieder empfunden, während z. B. die Schnitte zum Bloslegen der Vene vorher gar nicht gefühlt werden; die Wadenkrämpfe lassen nach. Bisweilen hebt sich auch die Urinsecretion.

Die erste Infusion ist stets die wirksamste und hält am längsten vor; die späteren Infusionen wirken nie so auffallend subjectiv günstig wie die erste. Aber auch wenn die Wirkung auf den Puls nur 20—30 Minuten nachweisbar ist, hält sich das Allgemeinbefinden meist stundenlang besser. Die günstige Prognose scheint durchaus nicht mit der Zahl der Infusionen zu steigen.

Ueber die Gründe der Wirksamkeit der Infusionen ins Gefässsystem, also in der Regel der intravenösen Infusion sind die Ansichten noch getheilt. Wäre die Beseitigung des Wasserverlustes das Wichtigste, so müssten die Dauererfolge ganz andere sein. Da aber die Erscheinungen von Seiten des Gefässsystems wesentlich von der Giftwirkung auf den Herzmuskel und die Vasomotoren abhängen, so erklärt sich die geringe Nachwirkung schon besser. Durch die Flüssigkeitszufuhr als solche wird das vorhandene Gift verdünnt, durch die Strömung aber auch das Gewebe besser ausgespült, von der Kohlsäure und anderen Stoffen der regressiven Metamorphose besser befreit, dabei wohl auch etwas Gift entfernt. Durch die Zufuhr der Wärme wird der Herzmuskel zu einer vorübergehenden besseren Arbeit mechanisch befähigt, so lange noch genügend Protoplasten durch das Gift intact gelassen sind. Nur wenn man diese nebenhergehenden Wirkungen auf den Vergiftungsvorgang in Betracht zieht, erklärt sich die relativ geringe Dauer der Besserung als Regel. Wird aber in anderen Fällen auch nur vorübergehend eine Besserung erzielt, so gewinnt der Körper Zeit sich wieder selbst zu helfen und dadurch können in gewissen Fällen an den Momentan-Erfolg sich dauernde Besserungen, d. h. Heilungen durch die Infusion anschliessen. War aber die Giftwirkung z. B. auf den Herzmuskel vorher schon eine zu grosse, so kann die Infusion auch unmittelbar schaden, weil ein solcher Muskel die ihm zugemuthete grosse Arbeit der Vertheilung von 1200—2000 ccm Flüssigkeit nicht mehr leisten kann; die Infusion beschleunigt den Tod.

Die Infusion dürfte aus den früher dargelegten Gründen am besten mit alkalischer Kochsalzlösung nach Kronecker gemacht werden d. h. 0,5 proc. Chlornatrium + 0,05 proc. Kaliumhydrat; die Temperatur in dem 1 m hoch zu stellenden Auslaufgefäss muss 42° betragen; stumpfe schräg abgeschnittene Metallkanülen sind am geeignetsten.

Die Erfolge mit der intravenösen Infusion schwankten zwischen 68 — 85 pCt. Mortalität, wobei aber wohl die Schwere der Fälle das entscheidende war. Der Durchschnitt dürfte etwa 75 pCt. betragen. Da in diesem Stadium die Mortalität ohne jede Therapie ca. 80 pCt. beträgt, so kann man scheinbar etwa 5 pCt. der schweren Cholerakranken durch consequente Durchführung der intravenösen Infusion retten. Aus diesem Grunde können wir diese Methode oder eine gleichwerthig andere trotz ihrer geringen objectiven Leistungen nicht entbehren. Vor allem scheint sie mir am Platze, weil wir durch die günstigen Momentan Erfolge Zeit gewinnen, den Kranken besser zu ernähren, zu stärken und ihm Medicamente vom Magen oder der Haut aus zu verabreichen.

Die Methode ist praktisch auf Krankenhäuser beschränkt oder auf Fälle, in denen ausnahmsweise in derselben Weise die nöthige Hülfe zur Hand ist. In der Praxis ist sie durch die sucutane Infusion zu ersetzen. Auch mit dieser letzteren Methode ereignete sich im Hamburger Krankenhause dasselbe wie mit dem Salol. Die Methode sollte Anfangs nichts Befriedigendes geleistet haben. Schliesslich hat sie aber, von Dr. Eisenlohr consequent angeordnet, mindestens dasselbe, wenn nicht mehr geleistet als die intravenöse Infusion. Nur der Momentan Erfolg ist nicht ganz so frappirend. Aber darauf kommt es auch weniger an als auf den End-Erfolg. Aus diesem Grunde bin ich für die ärztliche Praxis unbedingt für die consequente Anwendung der subcutanen Infusion.

Da ich als Oberarzt für eine bestimmte Zeit die Verantwortlichkeit für eine Abtheilung übernommen hatte, muss ich zum Schlusse die Gesammtresultate meiner Abtheilung erwähnen. Ich muss aber vorausschicken, dass ich auf meine direkte diesbezügliche Anfrage die unbedingt als dienstlich aufzufassende Antwort erhielt, dass Herr Dr. Rumpel, der die Vertheilung der frisch ankommenden Fälle zu besorgen hatte, angewiesen sei, meiner Abtheilung ebenso wie den Baracken vorwiegend die schweren Fälle zuzuweisen. Da der erste Eindruck bisweilen täuscht, war dies natürlich nicht ganz streng durchgeführt, aber immerhin in dem Maasse, dass ich gezwungen war ausdrücklich um Ueberweisung einiger leichter Fälle zu bitten, weil ich auch diese genauer kennen lernen wollte. Die von Herrn Rumpf mitgetheilten statistischen Daten entsprechen nun auffallender Weise nicht meinen eignen, täglich mit Hülfe des Bureaus controllirten, also ganz bestimmt richtigen Zahlen. Herr Rumpf führt für den Zugang meiner Abtheilung an: 31 + 17 = 48 als sichere Cholerakranke mit 15 + 11 = 26 Todten, also mit einer Mortalität von 54,3 pCt., während die analog zu beurtheilenden Baracken D, E und F in der gleichen Zeit einen Zugang von 52 Cholerakranken mit 27 Todten oder eine Mortalität von 51,9 pCt. hatten. Da die Mortalität der schwereren Fälle auf Baracke F 84,5 pCt. betrug, zeigt diese Zahl, dass in den Baracken durchaus nicht nur die schwersten Fälle aufgenommen wurden. Bei annähernd gleicher Schwere der Fälle würde die Mortalität annähernd gleich sein. In Wirklichkeit aber liegt die Sache etwas anders. Der Zugang an wirklichen Cholerakranken betrug 40 + 20 = 60 Fälle mit 15 + 11 = 26 Todten, also mit einer Mortalität an Cholera von 43,3 pCt. Damit nähert sich die Mortalität meiner Abtheilung, trotzdem ihr mehr schwere Fälle als den übrigen Pavillons zugewiesen waren, der Durchschnittsmortalität des gleichzeitigen Zuganges von 12 Pavillons und 6 Baracken, welche bei 401 Fällen 170 Todesfälle oder eine Mortalität von 42,2 pCt. hatten. So genau wie auf meiner Abtheilung ist aber in zweifelhaften Fällen, wenigstens zu jener Periode, nirgends die bakteriologische Cultur zur Differentialdiagnose gehandhabt worden, so dass ich wenigstens genau weiss, dass das, was ich als Cholera bezeichne, auch wirklich Cholera war. Als Oberarzt trug ich auch die Verantwortlichkeit für die übernommenen Fälle, unter denen viele recht schwere waren; nur auf dem Männer-Pavillon 41 waren die übernommenen Fälle verhältnissmässig viel günstiger. Ich erwähne dies ausdrücklich, weil dies die Durchschnittsmortalität meiner Abtheilung günstiger gestaltet hat; aber dieses günstige Verhältniss lag auch bei vielen der anderen Pavillons vor. Bei mir wurde es durch die Schwere der neu zugangenen Fälle wieder stark ausgeglichen.

Ich übernahm auf dem einen Pavillon 30 Fälle, Zugang 45, Summa 75 Fälle, von denen 29 starben; die Mortalität des Pavillons betrug also 38,7 pCt. Von den Kranken litten 5 nicht an Cholera, von den Todesfällen waren aber 3 an Pneumonie, von denen jedoch einer noch zur Cholera gerechnet werden musste; also 70 Cholerafälle mit 27 Todesfällen oder mit einer Cholera-Mortalität von 38,5 pCt.

Auf dem andern Pavillon übernahm ich 34 Fälle, Zugang 21, Summa 55 Fälle mit 16 Todesfällen d. h. eine Gesammt-Mortalität von 29 pCt. Ein Fall war nicht Cholera, so dass bei 54 Cholerafällen mit 16 Todten die Cholera-Mortalität 29,6 pCt. betrug. Auf meiner Abtheilung betrug demnach für die Zeit meiner Verantwortlichkeit, die in das Höhestadium der Epidemie fiel, die Zahl der Kranken 130 mit 45 Todten, die Mortalität also 34,6 pCt. Die Zahl der Cholerakranken betrug 124 mit 43 Todesfällen an Cholera. Die Cholera-Mortalität meiner Abtheilung betrug demnach 34,6 pCt.

Dadurch, dass es mir gelungen ist, das Choleragift bei an Cholera leidenden Menschen zu isoliren und seine Eigenschaften zu ermitteln, ist für die Auffassung des Choleraprocesses eine grössere Sicherheit gewonnen. Der Schwerpunkt liegt auch für die Behandlung in der Erkenntniss der Bedeutung der Vergiftung gegenüber der secundären Bedeutung der Wasserverluste. Von diesem jetzt und durch die Ermittelungen in Hamburg gesicherten Standpunkte aus erscheinen die Behandlungs-Methoden vereinfacht. Die Mittel, welche jetzt zur Durchführung der Causal-Indicationen zu Gebote stehen, sind gesichtet und wissenschaftlich und klinisch geprüft. Der Werth der Infusionen und der Enteroclyse ist ganz wesentlich genauer festgestellt.

## III. Zum persönlichen Gesundheitsschutze und zur Krankenpflege.

### Else Hueppe.

Während unseres Aufenthaltes im Bade Reichenhall erfuhren wir am 25. August mit Sicherheit den Ausbruch der grossen Choleraepidemie in Hamburg. Mein Mann war deshalb sofort entschlossen dorthin zu eilen, um die Ergebnisse seiner jahrelangen besonderen Forschungen über Cholera zur Verfügung zu stellen, wenn ihm entsprechende Gelegenheit geboten würde. Der Briefwechsel verzögerte unsere Abreise noch um einige Tage. Inzwischen wurde es mir klar, dass ich auf meinem sofort gefassten Entschlusse, meinen Mann zu begleiten, beharren müsse, trotz der Warnungen der Aerzte wegen meines Gesundheitszustandes. Bei der merkwürdig schnell verbreiteten Angst vor der Choleraansteckung musste ich nämlich bei der Natur meines Leidens für besonders empfänglich gelten. Trotzdem liess ich mir nicht abrathen, vorwiegend aus zwei Gründen. Einmal war es mir ängstlich, meinen Mann in der mir so gross erscheinenden Gefahr soweit weg zu wissen, und dann glaubte ich auch, dass ich mich nützlich machen könnte. Das letztere für meinen Mann und die armen verlassenen Kranken.

Ich hatte zwar immer gehört, dass in Krankenhäusern, in denen Civil-Krankenwärter, resp. Wärterinnen den Dienst versehen, die Anwesenheit von Frauen der gebildeten Stände nicht sehr erwünscht ist. Diese Leute glauben bei den herrschenden Ansichten, dass man sie unberechtigt controlliren wolle, ihnen mehr Arbeit mache und was derartiger schöner Ansichten mehr sind. Auch mir wurde diese unangenehme Erfahrung in den ersten Tagen nicht erspart. Als die Leute aber sahen, dass sie sich dabei besser standen, als ich ihnen Arbeit abnahm, für die schnelle sofortige Ausführung ärztlicher Anordnungen eintrat, als ich ihnen Erleichterungen verschaffte durch einfachere Art der Ausführung von Befehlen, als diese Art der Ausführung auch für die Aerzte von Vortheil war, da änderte sich das Bild sehr schnell innerhalb der ersten drei Tage, und wir sind als gute Freunde und Kriegskameradinnen geschieden. Bei den schon an eine andere Disciplin und an die Oberaufsicht von Frauen gewöhnten Ordensschwestern hatte ich niemals auch nur die geringste Meinungsverschiedenheit, und es ist mir dauernd eine liebe Erinnerung, auch an die gemeinsame Thätigkeit mit denselben, besonders mit den Victoriaschwestern, zu denken.

Die Hülfe, die ich allenfalls zu bringen erwarten durfte, bestand darin, dass ich die Ueberwachung der Anordnungen meines Mannes übernehmen wollte, und dass ich vielleicht bei der Ausführung einiger Versuche helfen konnte. Es hatte mir früher immer viel Vergnügen gemacht, bakteriologische Versuche anzustellen, die einer Uebertragung in die Hauswirthschaft fähig sind, z. B. über Wasser und Nahrungsmittel. Das Alles wäre ja schon vielleicht genügend gewesen, um mich zum Mitreisen zu veranlassen. Aber es kam noch etwas weiteres hinzu, was damals, im August, einen sehr tiefen Eindruck auf mich machte. Im letzten Jahrzehnt hat die Angst vor Krankheiten in einer erschreckenden Weise zugenommen. Die bakteriologischen Uebertreibungen haben eine Furcht verbreitet, über der oft schon die Pflichten der Nächstenliebe und die Gebote der Humanität vernachlässigt worden sind. In Hamburg musste dies nach den Zeitungsberichten in hohem Maasse der Fall gewesen sein, und die Flucht der gut situirten Kreise musste sehr arg sein.

Statt dass also die dazu berufenen Frauen in Hamburg blieben, den Armen und Kranken practisch halfen, flohen sie in Massen aus der Stadt! Wenn das der Fall ist, so sagte ich mir, kannst du als Fremde vielleicht ein gutes Werk thun. Wenn auch eine Schwalbe kein Sommer macht, so muss doch eine anfangen, und in diesem Sinne wagte ich zu hoffen, könnte mein Beispiel vielleicht etwas gutes wirken. Aber die Angst war wohl doch zu gross. Von Männern wurden mir 2 Beispiele ächter Nächstenliebe bekannt. Der Dresdener Referendar von der Recke hatte sich nur dem Zuge seines Herzens folgend als Krankenpfleger nach dem Hamburger Krankenhause begeben und starb in Ausübung seiner freiwillig übernommenen Pflicht an Cholera. Ein Hamburger Schullehrer, dessen Name ich nicht erfuhr, hatte sich der verwaisten Kinder eines ihm benachbarten, der Cholera erlegenen und von ihm gepflegten Ehepaares angelegentlichst angenommen und erlag bei diesem Liebesdienst der Cholera. In den Wohnungen der ganz Armen mag wohl noch mancher Zug ähnlicher Hülfe vorgekommen sein im Kreise der stets aufeinander angewiesen gewesenen Nachbaren. Auf die Pflege durch nächste Angehörige, die selbstverständlich ist, brauche ich nicht hinzuweisen, da sie in ein anderes Capitel gehört. Auch die von Aerzten und berufsmässigen Wärtern geleistete Hülfe gehört nicht hierher. Ich meine natürlich nur die Pflege der Armen und Kranken durch die Wohlhabenden und durch ihren Besitz doppelt Verpflichteten.

Mit der Ansteckungsfurcht, wie sie in Hamburg und bei Gelegenheit der Cholera von 1892 zu Tage getreten ist, ist aber wohl hoffentlich für immer der Höhepunkt dieser trostlosen Periode erreicht und überschritten. Ich kann natürlich nicht über die wissenschaftliche Seite dieser Richtung urtheilen. Aber die Einseitigkeiten und Uebertreibungen haben zu einer zunehmenden Furcht geführt, die man längst nicht mehr kannte. Der Gesunde meidet jetzt den Kranken wie im Mittelalter nach den Schilderungen, die wir bei unserem Culturzustande nicht mehr für möglich hielten. Diese Furcht ist aber eine der mächtigsten Stützen für die Ansteckung, weil sie die natürlichen Hülfsmittel des Menschen im Kampfe gegen seine kleinen Feinde zum Versagen bringt. Dadurch schadet die Cholerafurcht direct und bewirkt das Gegentheil dessen, was man durch den ängstlichen Abschluss erreichen wollte.

Wer ganz streng nach den erlassenen Weisungen leben, essen und trinken wollte, müsste sich das Essen und Trinken beinahe abgewöhnen, seine ganzen Gewohnheiten ändern, ohne etwas besseres als Ersatz zu erhalten. Das muss zu den grössten Verkehrtheiten führen. Was nützt es einem Menschen, Quellwasser oder Rothwein zu empfehlen, wenn er nur schlechten Branntwein zum schlechten Wasser hat? Der Verdurstende trinkt auch aus einem Tümpel! Was soll sich ein armer Teufel dabei denken, wenn er von Untersuchungen über die Beziehungen der Kommabacillen zum Caviar oder zu Südfrüchten hört, während er kaum ein Stück Brod oder eine Kartoffel sich verschaffen kann? Was soll man sich eigentlich bei Desinfection von Leuten denken, die sich nicht waschen können? Solcher Fragen liessen sich noch viele stellen, auf die keine praktische Antwort, sondern eine Anweisung oder Verordnung gegeben wurde.

Es will mir scheinen, als sei in Folge der jetzigen socialen Kämpfe bei den höheren Ständen das praktische Verständniss für die Bedürfnisse, für das unerlässlich Nothwendige in den Arbeiterkreisen oft ganz abhanden gekommen oder nie vorhanden gewesen. Aus diesem Grunde musste der Kernpunkt der jetzigen Kampfesweise, die Desinfection, so leicht versagen. Wer die jetzige Desinfection im Leben selbst gesehen und mit erlebt hat, wundert sich entweder über nichts mehr oder höchstens noch über die Idee, dass damit die Cholera wesentlich vertrieben worden sei.

Das hängt wohl etwas mit den Auffassungen über die **Beziehungen der Desinfection zur Reinlichkeit** zusammen. Die Engländer nennen Reinlichkeit Gesundheit und in anderer Fassung drückte Lord Palmerston dies aus, als er den Schmutz einen Gegenstand am unrechten Orte nannte. Die modernen Bakteriologen haben sicher bewiesen. dass viele Krankheiten nicht durch Schmutz, sondern durch Bakterien veranlasst sind. Damit glaubten einige derselben überhaupt sich nicht mehr mit der Bekämpfung des Schmutzes beschäftigen zu müssen. Die Reinlichkeit sollte durch Desinfection ersetzt werden. Die Praxis hat den Bakteriologen dieser Richtung nicht Recht gegeben und, soweit ich weiss, auch der richtig angestellte Versuch nur theilweise. Gegenüber dieser Richtung hat mein Mann schon vor mehreren Jahren nachdrücklich erklärt: „Die Desinfection ist stets nur da wirklich erfolgreich, wo sie an Reinlichkeit anknüpft. Die Reinlichkeit ist die erste und bessere Hälfte der Desinfection.“ Aus dem Berliner Gesundheitsamte, welches früher den ersten Standpunkt theilte, erfahren wir jetzt: „Reinlichkeit ist besser als eine schlechte Desinfection.“ Wir scheinen also auf Umwegen in der Praxis wieder beim Reinlichkeitsstandpunkte angekommen zu sein.

Auch für die Entstehung der Seuchen wird man wohl wieder mit dem Schmutze rechnen müssen. In der letzten Zeit wurde immer nur gesagt, dass da, wo Schmutz ist, auch die Krankheitskeime sich vermehren und halten können, und dass dort vielerlei Uebertragungsmöglichkeiten sich finden müssen. Viel weniger wurde das beachtet, was dem Laien, der das sociale Elend an Ort und Stelle kennt, viel durchsichtiger ist. Wo bei vorhandener Reinigungsmöglichkeit Schmutz ist, sind die allgemeinen Existenzbedingungen ungenügend und deshalb findet sich dort stets verminderte Widerstandsfähigkeit des Körpers gegen Krankheiten. Das erklärt die auffallenden Unterschiede zu Ungunsten der Armen doch etwas besser, als die einseitige Berücksichtigung der Seuchenerreger und der Ansteckung. Die Krankheitserreger sind sicher bei einer Epidemie viel weiter verbreitet und irgend eine Lücke für die Ansteckung findet sich wohl überall. Aber bei den Wohlhabenden ist meist die Hauptlücke besser geschlossen, weil ihr ganzer Körper sich in besserer Verfassung befindet. Man darf sich nicht durch einseitige Ausbildung einiger Muskelgruppen bei den Arbeitern darüber täuschen lassen, auch nicht durch die geringe Widerstandsfähigkeit der aufgedunsenen und fetten Leute, die selten kräftige Leute sind, aber fälschlich meist dafür gehalten werden.

Wer aber besser situirt ist, erhebt sich ganz von selbst über den Schmutz. Der erste Grad zeigt sich im Nachahmen der äusserlichen Sauberkeit. Ich hatte Dienstmädchen in Prag, die äusserlich in ihrem Sonntagsstaat blitzsauber waren, die aber kein Hemd auf dem Leibe hatten und sich, wie jene östliche Schönheit, nach Bedarf nur auf hohes oder ausgeschnittenes Kleid wuschen, aber nie auch nur einen Strich weiter. Ich war sehr unangenehm überrascht, dass dieses Stadium bei den kranken Frauen und Mädchen in Hamburg die Regel war. Die Männer sollen dort meist viel reinlicher gewesen sein als die Frauen der niederen Stände; das Militär wirkt eben auf Jahre erziehend. In diesem Stadium hat man noch kein Sinn für wirkliche körperliche Reinlichkeit, wie jener polnische Schnorrer das so schön illustrirte, der auf den Rath des Arztes, er solle gegen ein Fussleiden Fussbäder nehmen, die Frage stellte: kann man denn das?

Mit diesem Stande der Cultur ist der Schmutz fast untrennbar verbunden, und die herrschenden Klassengegensätze erschweren die Verbesserungen. Dass die trostlosen socialdemokratischen Ideen über die Stellung der Frau und über Familie hier nur verschlechternd wirken können, begreift man wohl leicht. Was kann in diesem Stadium die obrigkeitliche Empfehlung der Reinlichkeit erst zur Zeit einer Epidemie helfen, wenn das culturelle Bedürfniss dazu noch nicht vorhanden ist, und was soll da gar die Desinfection? Man muss durch Befriedigung wirklicher Bedürfnisse, durch Erziehung zur Reinlichkeit allmälig das Ziel anstreben und muss dazu in den epidemiefreien Zeiten, in den Volksschulen, Fabriken etc. den Grund legen. Wenn sich der Culturzustand hebt stellt sich das grössere Reinlichkeitsbedürfniss von selbst ein, und dieses ist zweifellos in Deutschland im Wachsen, wenn auch selbst in den mittleren und höheren Ständen in der Bekämpfung der Wasser-, Licht- und Luftscheu noch viel gethan werden könnte.

Man darf sich deshalb über die Leistungsfähigkeit der Desinfection in den unteren Klassen nicht täuschen, aber man muss selbst die Bedeutung der Reinlichkeit praktisch etwas geringer veranschlagen, weil damit eine Seite der Schmutzgefahr, die verminderte Widerstandsfähigkeit des Körpers, gar nicht unmittelbar getroffen wird. Aber praktisch bleibt das Streben nach äusserlicher Reinlichkeit wichtig, weil man damit wenigstens einen schnell und sicher zu beurtheilenden Maasstab gewinnt. Es scheint mir deshalb von grösstem Werthe und ein wirklicher, auch dem Laien verständlicher Fortschritt, dass man jetzt wieder der Reinlichkeit die erste Stelle anweist und die Desinfection erst an zweite Stelle setzt.

Sieht man sich die schönen und gut gemeinten, meist viel zu lang gerathenen Verordnungen einmal an, so sieht man, dass ein wirklich gebildeter Mensch überhaupt so leben sollte und meist auch so lebt. Vorsicht in den Bezugsquellen der **Nahrungsmittel** erscheint dann selbstverständlich und die Schlachthäuser und Markthallen unterstützten dieses Bestreben in trefflichster Weise. Die Verkaufskeller für Gemüse, welche ich in Hamburg gesehen habe, liessen hygienisch sehr viel, so ziemlich alles zu wünschen übrig. Bei Vorhandensein obiger Voraussetzungen wird man nicht mehr nöthig haben, Caviar, Gemüse, Obst zu verbieten. Man kann die Nahrungsmittel, soweit sie von der Natur selbst im rohen Zustande genussfähig geboten werden, auch wieder ungekockt geniessen. Man wird dann statt der Desinfection der Nahrungsmittel, durch Kochen des Wassers, des Obstes, der Milch wieder die Reinheit derselben in den Vordergrund stellen und damit werden sich die Producenten befassen müssen. Der Milch gegenüber ist dies jetzt leider in den Städten noch nicht möglich. Auch Hamburger Leitungswasser wird man wohl unfiltrirt und ungekocht kaum trinken mögen; aber in anderen Städten sollte man bei gutem Wasser dasselbe auch ungekocht lassen. Am wenigsten verständlich ist das Verbot des Transportes von rohem Gemüse und Obst. Selbst absichtlich und massenhaft darauf deponirte Cholerabakterien sterben sehr schnell ab, sodass die Verbreitung von Keimen auf diesem Wege ausgeschlossen erscheint. Dagegen werden gekochte Nahrungsmittel oft gute Nährböden für Kommabacillen. Das gerade Gegentheil des Verbotes erscheint richtig. Berechtigt ist es deshalb, wenn zu Epidemiezeiten gerathen wird, einmal fertiggestellte Nahrungsmittel vor dem Wiedergebrauche (auf dem Wasserbade) noch einmal aufzukochen. Durch Unterlassen dieser Maassregel scheinen schon Cholerainfectionen erfolgt zu sein, wie Gietl früher einmal angegeben hat. Der Vorsicht halber kann man auch das Obst während der Epidemie stets kochen, aber nothwendig will mir das bei gutem Bezuge nicht erscheinen. Da den Armen gute Bezugsquellen meist fehlen, erscheint Vorsorge für den Bezug und für billige oder unentgeltliche Abgabe guter Nahrungsmittel an dieselben das einzige wirklich Nothwendige im Kampfe gegen die Seuche während der Epidemie und wenigstens nöthiger als Verbote. Hierzu gehört aber nach die Beschaffung von Heizmaterial zum Kochen. Was nützt dem Armen die Empfehlung, das Wasser zum Trinken und zum Gebrauche zu kochen, wenn er nicht einmal so viel Heizmaterial hat um sich zu wärmen, und seinen Kaffee oder seine Kartoffeln zu kochen.

Die meisten Verordnungen und Rathschläge passen nur für Gebildete oder schon einigermaassen gut Situirte und bei diesen sind sie meist überflüssig. Entweder handelt man als wirklich gut erzogener Mensch überhaupt und stets danach oder man versucht auf Grund solcher Empfehlungen bei Ausbruch einer Epidemie seine ganze Gewohnheiten zu ändern, wird dadurch ängstlich und damit in den zur Infection geeignetsten Zustand der Furcht versetzt. Für die Armen sind die Verordnungen aus den früher dargelegten Gründen meist ganz einfach unverständlich und überhaupt unausführbar.

Wir selbst erlebten in unserem Gasthause und bei Bekannten öfters recht komische Situationen aus Angst. Gemüse wurde nicht verabreicht, Obst verweigert, Käse und Butter waren verboten, Fische untersagt. Bei unserer schweren Thätigkeit im Krankenhause oft überarbeitet und übermüdet, vielleicht auch durch die schauderhaften Eindrücke, die man dort erlebte, etwas deprimirt, musste man sich oft zum Essen zwingen, trotz des stark vorhandenen körperlichen Bedürfnisses nach kräftiger Ernährung. Unter diesen Umständen war die enorme Beschränkung der Küche, mit ganz einseitiger Fleischkost wenig angenehm. Wir setzten also bald wieder Fische, Gemüse, Käse, Butter und Obst auf die allgemeine Speisekarte und fanden bald viele Nachahmer, die sich aus einer Zwangslage erlöst vorkamen. Auch in einigen uns bekannten Familien befreite man sich daraufhin von den ganz ungewohnten und deshalb schlecht empfundenen Neuerungen und kehrte zum gewohnten Tische zurück.

Gewiss waren das zum Theil nur Missverständnisse, aber diese treffen doch nur die Herausgeber der Verordnungen. Ist einmal Misstrauen und Furcht durch solche Verordnungen erregt, so hat Niemand es mehr in der Hand, dass diese über das Ziel hinausschiessen, und darin liegt der grosse Fehler der Ersiehung zur Bakterienfurcht.

Nur die Gewohnheiten der Bäcker sind noch allgemein wenig erfreulich, so dass eine strenge Controlle schon vom Standtpunkt der Reinlichkeit sehr erwünscht wäre. Um das zu sehen bedurfte es aber gewiss nicht erst der Cholerafurcht.

Eine Verbreitung der Cholera durch Nahrungsmittel ist nur als Seltenheit gefunden worden, in Hamburg wurde ein solcher Fall ermittelt, sonst noch zwei weitere. Das spricht doch entschieden mehr gegen als für die Verbote. Auch solche Fälle würden vermieden werden können, wenn die Reinlichkeit beim Kochen und der Entfernung der Küchenabfälle grösser wäre, als sie leider meist ist.

Dass man sich Abends vor dem zu Bette gehen den Mund reinigt, sollte zur allgemeinen Gewohnheit werden. Dass man sich vor dem Essen die Hände gründlich mit Seife wäscht, versteht sich von selbst. Thut man dies, so wird bei der Cholera vermuthlich jede weitere Desinfection überflüssig. Ein Arzt hatte ernstlich den Vorschlag gemacht, dass jeder praktische Arzt nach jedem Besuch bei Cholerakranken sich auch die Stiefel mit Seife und Sublimatlösung reinigen sollte. Dieser Vorschlag scheint allerdings selbst den gläubigsten Anhängern der Ultra-Bakteriologie etwas zu arg gewesen zu sein.

Im Krankenhause selbst fiel mir auf, dass die Wärterinnen keine waschbare **Dienstkleidung** trugen, sondern über ihren gewöhnlichen Privat-Kleidern eine kleine, nicht genügend deckende weisse Schürze an hatten. Es war bei solcher Kleidung gar nicht zu vermeiden, dass sich beim Anfassen der Kranken und dem Transporte der Wäsche Berührungen mit den Abgängen der Kranken einstellten. Dieselben wurden durchaus nicht beachtet, was um so bemerkenswerther ist, als sonst gerade hierauf theoretisch der grösste Werth gelegt wurde. Mit diesen Kleidern gingen die Wärterinnen, aber nicht einmal immer nach Ablegen der Schürze, auch ohne weiteres zu Tisch. In dieser Beziehung waren alle Ordens-Krankenschwestern viel besser ausgerüstet; die hellen waschbaren Kleider der Victoriaschwestern waren zweckentsprechender als die dunklen Kleider der geistlichen Ordens-Schwestern; die

Schwestern trugen über diesen schon an sich zweckmässigeren waschbaren Kleidern grössere weisse Schürzen. Wenn man den Wärtern deckende, desinficirbare, mantelartige Anzüge giebt, so wäre es wohl bei einem so gut fundirten Krankenhause möglich den Wärterinnen dienstlich, auf Kosten des Krankenhauses grosse, vollständig schliessende, auch die Arme bedeckende schürzenartige, hinten zu bindende, weisse Ueberzüge über die Kleider zu stellen.

Mann kann den Wärterinnen bei ihrem Gehalt nicht zumuthen, sich privatium solche Kosten für das Krankenhaus zu machen. In Hamburg sind die Wärterinnen allerdings leidlich gestellt; sie sollen 35—50 Mark monatlich erhalten, während sie in Prag z. B. nur 6 bis 10 Gulden erhalten, wovon sie sich auch noch die Kleidung zu stellen und Zerbrochenes zu ersetzen haben, so dass sie oft garnichts bekommen.

Die Wohnräume des Wärterpersonals in den neuen Pavillons in Hamburg in besonderen, hellen, gut ventilir- und heizbaren Zimmern waren sehr gut. Auch das **Essen** war während der Epidemie wenigstens gut und reichlich; dasselbe wurde während der Höhe der Epidemie in besonderen Räumen eingenommen. Im Interesse des Dienstes sollte das Wärterpersonal, von dessen körperlicher Leistungsfähigkeit so sehr viel abhängt, stets in dieser Weise verpflegt werden. Das würde den Kranken nur von Vortheil sein. Ich hörte aber, das dies nicht der gewöhnliche Modus ist und dass das Essen sonst lange nicht so gut ist und dass es von den Wärtern im Pavillon selbst zur Zeit der Krankenspeisung eingenommen wird. Nachdem die Epidemie einen besseren Modus als durchführbar ergeben hat, sollte dieser auch dauernd eingeführt werden. Nebenbei bemerkt, könnten alle Krankenhaus-Verwaltungen viel in der Unterbringung und Verpflegung der Hülfsärzte von Hamburg lernen.

In Bezug auf die **Ausbildung des Wärterpersonals** haben sich einige weit verbreitete Mängel herausgestellt. Die Schulung zu den chirurgischen Hülfsleistungen war ausreichend und, soweit ich vernommen habe, bei allen, den Hamburgern sowohl als den Fremden, gleichmässig gut. Den Bedürfnissen einer Seuche von der Art der Cholera war dagen bei der Ausbildung nicht genügend Rechnung getragen und zwar ebenfalls wieder ziemlich allgemein und gleichmässig. Schon beim Unterleibstyphus und andern Darmkrankheiten hätte das aber bereits geschehen sein müssen.

Als ich kam, war thatsächlich nicht eine Kranke gewaschen

und gekämmt, das Haar vieler fand sich durch die bekannten Parasiten in trostlosem Zustande. Das darf einfach nicht vorkommen, soviel Zeit muss sich auch bei noch so starkem Zugang und Wechsel finden. Nach dieser Hinsicht war die Schulung der Ordensschwestern besser als die der Hamburger Wärterinnen. Auch im Verständnisse der kleinen Obliegenheiten des Krankendienstes, dem Herrichten des Bettes, dem Glattziehen des Betttuches, dem richtigen Legen des Kopfkissens fand ich bisweilen recht unliebsames. Ich hatte gedacht, dass alle Frauen hierin ohne Weiteres das richtige treffen, dass soweit wenigstens alle Frauen geborene Krankenwärterinnen sind.

Eine besondere Schulung gegenüber der Cholera hatte vorher nicht stattgefunden und als die Cholera dann so heftig ausbrach, war keine Zeit dazu. In Folge dessen wurden manche Anordnungen recht sonderbar ausgeführt. Ich führe zur Illustration nur folgendes an. Als wir ankamen, waren viele Kranke am Gesäss durch Karbolsäure kolossal geätzt; das war aber auf allen Pavillons vorgekommen. Der Grund war der, dass Befehl gegeben war, in die Stechbecken zum Desinficiren 5 pCt Karbolsäure zu geben. Das war geschehen, aber auch der Rand der Stechbecken war mit dieser ätzenden Flüssigkeit gereinigt, aber nicht wieder abgetrocknet worden. Mein Mann hat dies sofort abgestellt und es kam durch die ständigen Tages-Wärterinnen vom 2. Tage ab nicht mehr vor, wohl aber einige Mal Nachts bei Wärterinnen von anderen Pavillons und bei den fremden zur Hilfe nach Hamburg gekommenen Wärterinnen. Gerade dieser sicher gestellte Umstand zeigt, dass auch andererwärts in dieser Hinsicht manches noch fehlt.

Auf meine direkte Frage wurde mir gesagt, dass das Wärterpersonal in Hamburg keine Wiederholungs- und Ergänzungskurse erhalte. Das läge aber im Interesse der Hülfsärzte, die den Unterricht ertheilen und dabei manches lernen, was sie im Leben nöthig haben, im Interesse der Wärter, die dadurch den Fortschritten folgen können und die Aerzte besser unterstützen, und vor Allem im Interesse der Kranken. Es bedarf vielleicht nur des Hinweises, um diese Maassregel durchzuführen.

Die Cholera ist für die Pfleger entschieden eine unangenehme Krankheit, die viel mehr Eindruck macht als andere, noch gefährlichere Krankheiten. Die ewigen Durchfälle und das viele Brechen wirken auch auf die gesunde Umgebung anfangs sehr abstossend. Aber man überwindet dieses Gefühl bald. Weniger leicht war es für mich, gewisse subjective Zuneigungen oder Abneigungen zu überwinden. Wir hatten besonders eine Kranke, die durch ihre gemeinen Redensarten und durch Anspeien ihrer Umgebung für Alle ein Ekel war. Aber sie war krank und zwar sehr schwer krank und musste deshalb besonders sorgfältig gewartet werden. Das Gefühl der Abneigung gegen einen solch miserabelen Charakter zu überwinden, fiel mir sehr schwer; es war für mich die härteste Probe, die ich zu überwinden hatte. Ich kann es aber nach solchen Beobachtungen begreifen, wenn die Wärter böswilligen Patienten gegenüber einmal die Geduld verlässt. Man sollte deshalb wirklich manchmal milder urtheilen.

Auf der Frauenabtheilung war entgegen den herrschenden Ansichten, nach denen Frauen Leiden geduldiger tragen sollen, stets viel mehr Unruhe, Klagen, Stöhnen als bei den Männern. Ich war sehr erstaunt, wie viele nervenleidende hysterische Personen sich unter den Frauen und Mädchen des Arbeiterstandes fanden. Schlimmer sind die schlimmsten Salonpuppen nicht, als viele unserer dortigen Kranken waren; auch in der Reconvalescenz verstanden sie es trefflich, das Wärterpersonal stets in Bewegung zu halten mit oft erstaunlichen Anforderungen wie kleine Kinder.

Der Ansteckungsstoff der Cholera ist nur in den **Darmentleerungen und dem Erbrochenen** enthalten. Diese Entleerungen sind sicher nicht so sehr ansteckend, wie man jetzt oft annimmt. Die Gründe für diese wichtige Thatsache finden sich im II. Abschnitt erörtert. Aber immerhin liegt hier die einzige Gefahr, die seitens der Kranken für die Gesunden und die Umgebung droht, und diese Gefahr ist einfach, leicht und sicher bekämpfbar. Es gilt also hier den Anschluss zu erreichen.

Wenn so viele Kranke plötzlich kommen, ist es auch bei dem reichst ausgestatteten Krankenhause unmöglich, das erforderliche Bettzeug zum jedesmaligen Wechseln nach eingetretener Beschmutzung zu stellen. Wir mussten oft Improvisiren, z. B. die Kopfkissen mit Handtüchern überziehen, statt der Betttücher die Einschlagetücher für die Bettdecken benutzen. Zum Schutze der Betten selbst sollten überall wasserdichte Unterlagen vorhanden sein, da das Reinigen und Desinficiren der beschmutzten Matratzen zu zeitraubend werden kann.

Das Erbrechen erfordert grössere flache Brecheimer statt der gewöhnlichen Spuckgläser. Die Kleinheit der letzteren und das öftere Entleeren derselben sorgte reichlich dafür, dass stets viel des Erbrochenen auf das Bett kam. Bei den ganz schwach gewordenen und benommenen Schwerkranken geschah das letztere regelmässig. Hiergegen geschah anfangs nichts. Ich bat die Wärterinnen die Kranken dadurch zu erleichtern, dass sie, wie ich es machte, das Erbrochene mit einem in Karbolsäure getränkten Lappen oder Wattebausch vom Bett und Hemd abwischten und den nassen Fleck mit einem trockenen Lappen abrieben, oder bei zu grosser Ausdehnung ein Handtuch überlegten. Dadurch konnte besonders das Wechseln der Bettwäsche oft lange hinausgeschoben werden. Diese Putzlappen können für öfteren Gebrauch in Karbolsäure liegen bleiben und werden schliesslich verbrannt; die Watte wurde sofort vernichtet. Nach dem Erbrechen ist bei den Schwerkranken der Mund auszuwischen, während die leichter Kranken ihn sich mit Wasser ausspülen müssen.

Nachtstühle kamen bei der Schwere der Erkrankten anfangs gar nicht in Betracht. Bei Verwendung derselben sollten dieselben geräumiger sein als die üblichen und unten mit einer Lage Torf oder einer Schicht Wasser versehen werden.

Die Stechbecken oder Leibschüsseln werden jetzt meist vor dem Darreichen mit Karbolsäure oder Kalkmilch versehen. In genauer Kenntniss der Krankenhausverhältnisse hatte mein Mann vor Jahren schon davor gewarnt. Mit welchem Recht, das haben die vielen Verätzungen von Kranken in Hamburg gezeigt. Das uncontrollirbare Verspritzen der Entleerungen soll verhindert werden. Das ist der Kernpunkt der Maassnahmen. Dazu genügt es vollständig, wenn das Stechbecken beim Gebrauche nach guter alter Sitte mit einer Schicht Wasser versehen ist. Das benutzte Stechbecken wird dann nach dem Closet getragen und dort mit Desinfectionsflüssigkeit versetzt und einige Zeit stehen gelassen. Danach ist der durch diese längere Einwirkung der Desinfectionsflüssigkeit auf die Entleerung desinficirte Inhalt in das Closet zu giessen, das Steckbecken noch einmal mit Desinfectionsflüssigkeit nachzugiessen und darauf mit Wasser nachzuspülen, um ein Haften der ätzenden Desinfectionsflüssigkeiten zu vermeiden. Das ist eine praktische Lehre aus Hamburg gegenüber dem gar zu strengen Vorgehen.

Das Recept heisst also: 1. Reines Stechbecken mit Wasser; 2. Gebrauch desselben; 3. Zugiessen von Desinfectionsflüssigkeit (am besten Solutol, dann Karbolsäure oder frisch bereitete Kalkmilch) und Einwirken derselben; 4. Ausgiessen des desinficirten

Inhalts des Stechbeckens in den Abort; 5. Nachspülen mit etwas Desinfectionsflüssigkeit oder Wasser; 6. Abtrocknen des Sitzrandes und Beschicken mit einer Schicht Wasser für den neuen Gebrauch.

Bei diesem Vorgehen kann der Arzt auch den Inhalt stets zu mikroskopischen und bakteriologischen Prüfungen verwenden. Allenfalls sind hierfür besondere Stechbecken vorräthig zu halten, was aber leicht zu Verwechselungen führen kann. Der Punkt 3 wurde oft wegen zu geringer Zahl von Stechbecken ausser Acht gelassen und sehr oft, einige Tage ganz regelmässig, musste jedes Stechbecken nach dem Gebrauche sofort für neuen Gebrauch hergerichtet werden.

Da die Cholerabakterien durch Kochen sicher zu vernichten sind, aber andere Bakterien desgleichen, so hat Herr Director Merke in Moabit im Closetraum des Pavillons einen Apparat zum Kochen der Entleerungen aufgestellt und Kalkbrenner in Wiesbaden hat einen derartigen praktischen transportabeln Apparat construirt. In diesem Falle gestaltet sich die Sache noch einfacher. Die Stechbecken werden in den Kochapparat entleert, mit Wasser nachgespült und brauchen nur in Karbol- oder Solutollösung und dann nochmals mit Wasser nachgespült zu werden. Die Desinfection der Entleerungen in den Stechbecken entfällt als überflüssig, da hierfür nicht gilt, dass doppelt genäht besser hält, sondern dass die Einfachheit die Garantie der richrichtigen und gleichmässigen Durchführung gewährt. In diesem Falle macht der Punkt 3 nicht so viel aus.

Für die Reinigung der Kranken, die Nachtstühle benützen, sollte jetzt im Interesse des Krankenhauses selbst überall Closetpapier angeschafft werden. Diese kleine Ausgabe könnten die Verwaltungen wirklich tragen.

Bei der Reinigung der liegenden, also besonders der schweren Kranken sollten nach jeder Entleerung Wattebäusche oder allenfalls alte weiche Leinwandstücke verwendet werden, die vorher in warmes Wasser getaucht werden, da die Kranken stets wund und sehr empfindlich sind; ich habe die so gebrauchte Watte sofort in das Stechbecken geworfen. Der Preis der Watte kann gegenüber ihren Vorzügen nicht in Betracht kommen. Meist wird bei der Entleerung auch das Betttuch etwas nass. Ein Wechsel ist aber doch nicht jedesmal nöthig, weil meist nur die erste oder nur einige wenige Entleerungen reichlich sind, die anderen aber meist nur Spuren liefern. Man kann die kleinen nassen Flecke, wie oben bei dem Erbrechen gesagt wurde, mit Karbollappen oder mit Karbol-Wattebausch abwischen, dann die Stelle trocken reiben oder mit einem trocknen Tuche überdecken.

Die Behandlung der **Leib- und Bettwäsche,** welche durch die Entleerungen der Kranken beschmutzt wird und deshalb infectionsverdächtig ist, dürfte sich in Zukunft einfach gestalten. Wo ein richtiger Desinfectionsapparat für Dampf vorhanden ist, hat man in folgender Weise vorzugehen. Die Wäsche wird ohne weitere Behandlung, also möglichst trocken, am Bette in grosse Wäschebeutel lose gepackt. Diese trockenen Beutel können zur grösseren Sicherheit in einen zweiten mit Desinfectionsflüssigkeit getränkten und ausgerungenen Beutel gesteckt werden. In dieser Weise vollzieht sich der Transport vom Krankenbette in die Desinfectionsanstalt keimsicher. In der Desinfectionsanstalt wird der innere trockene Beutel mit der lose geschichteten Wäsche dem Dampfe ausgesetzt und nach der Desinfection nach der Waschanstalt zur Reinigung gebracht. So ist die technisch richtige Behandlung der Wäsche beschaffen. Die grösseren Decken und Matratzen sollten ebenso in Ueberzüge gesteckt und durch Dampf desinficirt werden.

In Hamburg war dies unmöglich, weil der Desinfectionsapparat für trockene Hitze eingerichtet und viel zu klein war. In diesem Apparate wurden nur Kleider, Decken und Matratzen desinficirt. Die Zahl dieser Desinfectionen stand aber in gar keinem Verhältnisse zu dem wirklichen Bedarfe, wie sich derselbe nach den herrschenden Ansichten und auf dem Papiere und den Anweisungen ausnimmt. Die Wäsche selbst wurde nicht durch Dampf, sondern auf nassem Wege desinficirt. Am Eingang und nicht, wie es sich gehört hätte, am Ausgang jedes Pavillons stand eine Tonne, die mit einer Desinfectionsflüssigkeit beschickt war. In dieses Gefäss wurde die Wäsche von dem Wärterpersonal vom Krankenbette, ohne eingepackt zu sein, unter den Armen getragen und hineingeworfen. Die Menge Wäsche war so gross, dass die Tonnen Anfangs jeden Tag, oft stundenlang überfüllt waren und die Wäsche über die Tonnen heraushing und auf der Erde bis auf das Trottoir lag! Die überhängende und auf der Erde liegende Wäsche war selbstverständlich nie mit irgend welcher Desinfectionsflüssigkeit, auch nicht mit der in der Tonne, in Berührung gekommen. Ein Theil der inficirten und beschmutzten Wäsche befand sich also in einer zur Ansteckung geradezu idealen Form auf den Wegen des

Krankenhauses vor. Der Transport vom Krankenbette bis zu den Tonnen geschah durch den Krankensaal und den Vorraum so, dass die Wäsche stets in Berührung mit dem Fussboden kommen musste, besonders da sie bei grösserem Umfang direct geschleift wurde. Da keinerlei Behälter zum Transport vorhanden waren, war das unvermeidlich und die Schuld trifft das Wärterpersonal nicht. Mehr Keime, als auf diese Weise uncontrollirbar zerstreut wurden, dürften so leicht noch nie ausgestreut worden sein und doch war die Zahl der Erkrankungen und Todesfälle unter Aerzten und Pflegerpersonal ganz verschwindend.

Muss die Wäsche zur Aushülfe nass behandelt werden, so giebt es nur ein richtiges Vorgehen, welches sicher das Ausstreuen von Keimen verhütet. Im Krankensaale selbst müssen sich mehrere Bütten befinden, die mit einer Schicht Wasser zu versehen sind Eine solche Bütte ist jedesmal an das Bett zu tragen; dort ist die Wäsche hineinzuthun, so dass sie sofort feucht ist. In diesem Zustande ist die angefeuchtete Wäsche vom Bette aus nach der grossen Tonne resp. direct in das Desinfectionslocal zu schaffen.

Will man gleich Desinfectionsflüssigkeit nehmen, so ist das gewiss erlaubt, aber nicht nothwendig, da es sich zunächst nur darum handelt, das Verstäuben zu verhüten.

Um unter den für eine richtige Desinfection so ungünstigen Verhältnissen wenigstens das Mögliche zu erreichen, verlangte mein Mann gleich von unserem Eintritte an täglich und wiederholt mehrere solcher Bütten. Statt derselben erschien am 7. September eine „Instruction für die jetzige Choleraepidemie", welche besagte: 1. In dem Krankenzimmer oder dem Vorraum sind ein oder mehrere Behälter aufzustellen, welche mit einer desinficirenden Lösung soweit gefüllt sind, dass die hineingelegten Sachen von der Lösung bedeckt werden. 2. In diese Lösung werden alle ausser Gebrauch genommenen Wäschestücke der Kranken hineingelegt und verbleiben darin völlig bedeckt 4 Stunden. 3. Nach der Herausnahme aus dieser Lösung wird die Wäsche in einem zuvor mit Sublimatlösung getränkten Sack zum Desinfectionsofen gebracht und dort nochmals desinficirt. 8. Die Kleidung der Kranken wird in ein sublimatgetränktes Tuch geschlagen und zur Desinfection nach dem Desinfectionsofen gebracht."

Die geforderten Bütten haben wir nie erhalten und die ganze, absichtlich wörtlich citirte „Instruction" ist nie über das Papierstadium hinausgekommen. Das muss ausdrücklich gesagt werden, weil sonst Jemand auf die Idee kommen könnte, dass der Transport und die Desinfection der Wäsche richtig und sachlich vorgenommen worden sei, und dass diesem Umstande vielleicht die wenigen Erkrankungen unter Aerzten und Wärtern zuzuschreiben seien. Die Kleidung der Kranken wurde stets ohne alle Vorsicht, ohne eingeschlagen zu sein, nach dem Desinfectionshause gebracht.

Ein keimsicherer Transport der Wäsche vom Krankenbette nach der Desinfectionsanstalt hat niemals bestanden. Dagegen war die Desinfection der Wäsche im Desinfectionshause ausreichend. Bei diesem, für die Desinfection der Wäsche und der Decken unzureichenden Apparate waren im Freien eine grössere Zahl von offenen Fässern aufgestellt. In diesen befand sich Lysollösung (Seifenlösung von Kresol), in die die Wäsche eingetaucht wurde und in der sie gegen 4 Stunden verblieb. Dann kam die so desinficirte Wäsche nach der Waschanstalt, wo sie endgültig gereinigt, getrocknet und geglättet wurde. Im Wäscheraum befand sich merkwürdiger Weise die schmutzige und reine Wäsche in demselben Raum, was als grobe Nachlässigkeit zu tadeln ist.

Die Kleider, welche die Desinfection durch trockene Hitze durchgemacht hatten, waren bei der Entlassung oft wie Zunder zerfallen und hatten oft innen in Folge des Schmutzes ein Aussehen wie Schnupftabak oder gemahlener Kaffee, so dass oft andere Kleider besorgt werden mussten. Ich stelle die Sachen übrigens lange nicht so arg dar, wie sie einem Laien, und auch mir zu Anfang, erschienen. Das Urtheil aller Fachmänner über die Desinfectionseinrichtungen war nur absprechend. Nach Ansicht meines Mannes waren die Improvisationen in den Baracken am Seemanns- und Marienhospital bedeutend besser als die Einrichtungen im neuen allgemeinen Krankenhause.

Leute, welche sich mit dem Transporte der schmutzigen Wäsche befasst haben, müssen sich natürlich die Hände mit Seife waschen. Vor dem Anfassen von Essen kann darauf noch die Desinfection der Hände folgen. Nöthig wird dies in der Regel nicht sein, aber diese Vorsicht ist immerhin begründet, weil die Infection vom Munde aus erfolgt. Die Wärter sollen aus diesem Grunde auch nicht im Krankensaale essen oder trinken; das Verabreichen von Cognac an die Krankenträger im Krankenzimmer, wie ich es wiederholt gesehen habe, sollte schon aus anderen Gründen unterbleiben.

Mit Rücksicht auf die mögliche Uebertragung von Cholerabakterien durch Fliegen sollte die **Speisekammer** nach aussen mit zuverlässigen Fliegenfenstern aus feinster Drahtgaze versehen sein. Davon war aber in Hamburg keine Rede. Diese Speisekammer liegt ebenso wie die Küche nur wenige Schritte von den nächsten Pavillons entfernt. Da die Fliegen die „Luftlinie" mit Ueberfliegen der die Oekonomie von der Krankenabtheilung trennenden Mauer benutzen können und nicht wie die Aerzte und Wärter auf den eigens dazu angelegten „noch näheren Feldweg" angewiesen sind, ist die Abwesenheit solcher Fenster in der Speisekammer und Küche zu tadeln und in Zukunft abzustellen. Da ich wiederholt in der Speisekammer reichliche Fliegenschwärme gesehen und jedesmal in der Küche Fliegen in der Suppe und Milch beobachtet habe und zwar jedes Mal in Gegenwart von Zeugen, so darf ich wohl einen solchen Umstand vermerken, weil gerade jetzt so viel Wert auf das Gegentheil gelegt wird.

Ueber die Bereitung der **Speisen** im Einzelnen will ich mich nicht auslassen, weil hier zu viele Ortsgewohnheiten mitsprechen. Bisweilen wollte es mir scheinen, als stände die Zubereitung der Krankenspeisen verhältnissmässig nicht auf derselben Höhe wie die der Aerzte. Doch muss ich mich hierüber vorsichtig äussern, weil ich das Krankenhaus nicht unter normalen Verhältnissen und bei verschiedenartigen Krankheiten kenne. Aber eine erfahrene Hausfrau hat in derartigen Dingen doch einen zu guten Blick, um sich ganz täuschen zu lassen. Für die Cholerakranken kam es in Betracht, dass das Hauptnahrungsmittel, die sogenannten Welgen d. h. Graupensuppe, wie ich mich durch regelmässiges Abschmecken überzeugte, in der Zubereitung sehr schwankte. Das kann vermieden werden und dann kann man den kleinen Wünschen der Kranken, z. B. durch Zusatz von etwas Zucker, leicht Rechnung tragen, was so sehr schwer war. Das ist aber geradezu nöthig, weil die Cholerakranken durch die Besonderheiten ihrer Krankheit ungemein empfindlich sind und ihre Ernährung entschieden Schwierigkeiten macht.

In der **Küche** sind die Kessel aus Kupfer, was übrigens auch noch in anderen Krankenhäusern der Fall ist. Bei Kupfer ist es unmöglich das Anlaufen der Kessel zu vermeiden und diese immer angelaufenen Kessel sind kein schöner hygienischer Anblick, auch wenn sie aussen noch so blank sind. Auch auf den Geschmack mancher Speisen wirkt Kupfer höchst unangenehm ein. Ein starkes Verzinnen der Kessel nach dem ausgezeichneten

Verfahren von Kalkbrenner in Wiesbaden, dessen Kocheinrichtungen jetzt wohl die erste Stelle einnehmen, wäre sehr erwünscht.

Einige Mal erhielten Kranke angebrannten Reis und verbrannte Eierkuchen. Als ich erstaunt frug, wie man denn solches Essen überhaupt abnehmen könnte und es nicht vielmehr sofort zurückschicke, erhielt ich die Antwort, dass das Wärterpersonal sich fürchte etwas derartiges zu thun, weil es dann in der Küche jedesmal gehörig angefahren würde und viel Aerger hätte.

Dabei stehen sich aber die Kranken, für die doch das Krankenhaus bestimmt ist, sehr schlecht und der Arzt, der es nicht erfährt, bleibt oft ganz im Unklaren, woher plötzliche Verschlechterungen bei den Kranken kommen. Dieses Interesse der Kranken sollte eigentlich entscheiden und es müsste deshalb pflichtmässig die Anzeige erstattet werden. Dabei müssten aber die Wärter durch die Direction gegen anderweitiges Schikaniren aus solcher Pflichterfüllung gründlich und energisch geschützt werden. In dieser Hinsicht scheinen vielfach sonderbare Begriffe zu herrschen. Als mein Mann Unterarzt in der Charité in Berlin war, wurde z. B. ein Stabsarzt sofort zur Strafe in eine kleine Garnison versetzt, als er sich in dieser Weise beschwerte. In Prag wurde kürzlich eine Wärterin bei derselben Klage Knall und Fall entlassen.

Die Nothwendigkeit, bisweilen Essen an die Küche zurückzuweisen, lässt sich vielleicht in einfacher Weise mit einer neuen Einrichtung verbinden, bei der sich alle Parteien des Krankenhauses gut stehen würden. Die Beurtheilung des Essens der Kranken gehört unbedingt zu den Pflichten des Arztes. Die Bedeutung der Diät wird von Tag zu Tag mehr anerkannt. Die Ausbildung der Aerzte in diesen Dingen ist aber noch mehr als dürftig. Allerdings einen Ernährungsversuch berechnen, wie man das auch in den Kochschulen von den Mädchen schon vielfach verlangt, das können fast alle jungen Aerzte. Aber mit dem Beurteilen der Qualität der Nahrung zu einem solchen Versuche sieht es schon weniger gut aus und doch gehört das auch dazu, da Culturmenschen keine Versuchsthiere sind, die schliesslich alles nehmen, was man ihnen vorsetzt.

Was soll aber ein vernünftiger Mensch sich denken, wenn ein Arzt bei Krankheiten, in denen die Diät eine entscheidende Rolle spielt, den Angehörigen nichts zu rathen weiss als eine kräftige oder milde Kost, aber wenn man etwas genaueres wissen will vielleicht Eier oder Beefsteaks sagt, wo kaum einige Gramm Reis vertragen werden, Sherry oder Madeira räth, wo nur Wasser am Platze ist, eine kräftige Bouillon wünscht, wo ein Ei nöthig wäre. Wer sich wirklich im praktischen Leben etwas umgesehen hat, weiss in welche schiefe Lagen ein Arzt durch solche Dinge kommen kann und wie gerade Gegner der Schulmedicin solche Sachen gegen die Aerzte auszubeuten wissen. Im Leben kommen eben Verhältnisse vor, wo noch so grosse Sicherheit im Receptschreiben und Diagnosticiren allein nicht ausreichen. Wäre es da nicht vielleicht angebracht, wenn die Hülfsärzte zur Controlle und zum Versuchen des Essens in entsprechendem Turnus commandirt würden, wenn Anzeigen sofort zu erstatten und von diesen Aerzten zu prüfen wären. Die Vortheile für die Kranken sind wohl deutlich genug, aber auch die bessere Ausbildung der Aerzte würde sich reichlich lohnen.

Bei der Cholera ist die Ernährung noch besonders misslich wegen der **Brechneigung**. Aber diese wird in der Mehrzahl der Fälle durch richtige Diät schon beträchtlich herabgesetzt. So brachen z. B. viele Kranken jedesmal nach der Bouillon, die sie sich selbst so gewünscht hatten, um etwas Abwechselung gegenüber den ewigen Welgen zu haben. Dieses Erbrechen galt zwar für unstillbar, wurde aber von mir sofort beseitigt. Die Bouillon war nämlich sehr fett; ich nahm also einen Löffel, entfettete die Bouillon, die nun gut vertragen wurde. Ein anderes Beispiel ist der Thee. Derselbe wurde in Hamburg sehr stark aus einer leidlich guten Sorte derart hergestellt, dass der Thee in einem kupfernen (!) Kessel 10 (!) Minuten gekocht wurde. Dieser Thee schmeckte so widerlich, dass ein Gesunder fast Brechneigung bekam; er wurde aber unverdünnt gereicht und die Kranken brachen fast stets danach. Ich verdünnte den Thee sehr stark mit abgekochtem Wasser und das Brechen hörte fast überall auf; natürlich wurde das jetzt verordnet und auch anderweitig mehr beachtet. Der Thee sollte nach Art der Chinesen den Kranken statt des Wassers mehr als Getränk, denn als besonderes Anregungsmittel dienen. Zum Löschen des Durstes und zur Bekämpfung des Durstgefühles waren kleine Eisstückchen bei weitem am angenehmsten; leider war das gelieferte, durch eine Mühle zerkleinerte Eis sehr schmutzig und eigentlich zum Geniessen unbrauchbar. Sollte es nicht möglich sein, für solche Zwecke gutes reines Eis, z. B. sogenanntes Krystalleis zu liefern, oder ein reinliches Verfahren zum Zerkleinern su wählen? Sehr unangenehm war es, dass das Leitungswasser zum Trinken ganz ungeeignet war; auch eine Mischung von etwas Sodawasser mit dem abgekochten Leitungswasser ersetzte das fehlende Trinkwasser nicht vollständig. Ich hebe dies hervor, weil die kohlensäurereichen Getränke, Sodawasser, in einigen Fällen Schaumwein, von den Kranken meist sehr schlecht vertragen wurden. Viele brachen überhaupt erst danach, auch wenn sie dies sonst nicht thaten, nur wenige Kranke vertrugen diese Getränke gut, meist musste man zufrieden sein, wenn das Brechen danach nicht sonderlich zunahm, so dass das Gefühl der Kranken für die gebotene Erfrischung vorherrschte. Die Sorge für gutes Trinkwasser zum Löschen des Durstes scheint mir sehr nothwendig. Bei den Gesunden ist es mit dem Sodawasser etwas anderes.

Ueber die Verabreichung der Pulver möchte ich mir noch eine Bemerkung erlauben, weil die Zuführung des Salols und der Wismuthsalze vielfach Schwierigkeiten machte. Die benommenen Kranken kauten meist die Pulver, wenn sie ihnen in Oblaten oder Seidenpapier gegeben wurden, so dass sich das Pulver als solches im Munde befand. Es entstand dann bei Berühren des sich nicht benetzenden Pulvers mit der Schleimhaut des Halses ein unangenehmes kratzendes Gefühl, so dass die Pulver schliesslich oft erbrochen wurden. Dasselbe war der Fall, wenn man die Pulver trocken zu geben versuchte, weil schon das kreideartige Gefühl im Munde unangenehm war. Für die Fälle, in denen Pulver nicht glatt in Oblaten oder Seidenpapier genommen wurden, gelang es mir schliesslich am besten in folgender Weise. Ich versuchte das Pulver mit Wasser zu verrühren, doch führte dieses Verfahren und Versuche zu anderweitigem Benetzen des Pulvers nicht vollständig zum Ziel. Es geht aber ganz gut, wenn man das Pulver in einem Röhrchen mit Wasser schüttelt. Man erhält dann eine gute, gleichmässige, feuchte Mischung, die man sehr gut mit einem Löffel geben kann; man lässt dann noch einen Schluck Wasser nachtrinken. Hierbei stellt sich weder der kreideartige Geschmack im Munde, noch das Kratzen im Halse ein und in Folge dessen unterbleibt auch meist das Erbrechen.

Die Nahrungsmittel, welche in das Krankenzimmer kommen, sind meist gekocht und dadurch geeignet, den Kommabacillen zur Nahrung zu dienen, so dass diese sich also vermehren können. Aus diesem Grunde müssen die Speisen- und Getränkreste sorgfältig in einem Transporteimer aufgesammelt, durch Dampf desinficirt und vernichtet werden, da sie meist zu weiterer Verwendung ungeeignet sind. Im Privathause sind die Speisereste, die man wieder benutzen will, durch Gaze gegen Fliegen zu schützen und vor dem Gebrauch wieder aufzukochen.

Manche der Punkte, die ich erwähnt habe, müssen gründlichst geändert werden, da längst auch viel kleinere Krankenhäuser diese besseren Einrichtungen haben. Manche Punkte habe ich erwähnt, weil mir scheint, dass auch einige neue Forderungen für alle Krankenhäuser gestellt werden können. Einige Punkte würde ich vielleicht bei einem anderen Krankenhause gar nicht erwähnt haben. Aber das neue allgemeine Krankenhaus gilt überall nach jeder Richtung als mustergültig, so dass manches strenger beurtheilt werden muss, und überhaupt der höchste Maassstab angelegt werden darf. In diesem Sinne erscheinen die Desinfectionseinrichtungen und viele der Oekonomieeinrichtungen fast kläglich und in der Anlage verfehlt, selbst wenn man sie mit vielen kleineren und älteren Krankenhäusern vergleicht.

Aus lauter Bakterienfurcht scheint man vielfach gar kein Verständniss mehr für einen gewissen Comfort der Kranken zu haben. Alles, was nicht glatt und desinficirbar ist, wird aus den Krankenzimmern fern gehalten. Und doch wie wohlthuend wirkt so manche kleine Unterbrechung dieser starren Regel! Auf dem Wege zum Krankenhause kaufte ich anfangs täglich einige Blumen; als dies nach einigen Tagen der Verkäuferin wegen der zeitlichen Verhältnisse auffiel und ich auf ihre Fragen den Grund angab, schickte mir Frl. Seyderhelm täglich für meine Kranken Blumen, die für diese armen, leidenden, verlassenen Menschen eine wahre Wohlthat waren.

Noch nie ist vielleicht bei einem grossen Unglück so schnell gesammelt worden wie in Hamburg. Was aber noch wichtiger war, die Vertheilung an die Bedürftigen fing sehr schnell an. Aber immerhin würde ich nicht darauf haben warten können, wenn ich meinen Kranken, Reconvalescenten und geheilt Entlassenen helfen wollte. Ich musste also selbst eintreten. Später wurde ich durch Zuweisungen von leichter Lectüre, illustrirten Zeitschriften durch die Herren Fritzsche und Leitz, durch Gebrauchsgegenstände, wie Kämme und Seife von Herrn Douglas, durch Kleider, Spielzeug für die Kinder und andere Zuwendungen von Herrn Laue, Lippmann und einem Herrn, dessen Namen mir entfallen ist, von den Damen Herz, Fränkel, Lamarche und Kirchner unterstützt, so dass ich bis zum letzten Tage meiner Anwesenheit manchem Nothleidenden praktisch und sofort helfen konnte. Für diese freundliche Unterstützung meiner Bemühungen danke ich auch an dieser Stelle herzlich.

Wenn ich einen Wunsch zum Schluss aussprechen darf, so ist es der, dass man sich der Cholera und anderen Krankheiten gegenüber weniger ängstlich zeigen mögen, damit die praktische Nächstenliebe wieder mehr zu ihrem Rechte komme.